JN267879

これだけは知っておきたい

保育者のマナー

森 眞理・日浦直美 著

Manners
for
early
Childhood
professionals

チャイルド本社

はじめに

「大きくなったら何になりたい？」と幼児・小学生を対象に将来の志望職業調査を行うと、保育園・幼稚園の先生は、必ず女子の上位にランクされます。保育者が"すてきな人""憧れの人"として、子どもたちに定着していることの表れでしょう。その一方、保育者に対して「子どもっぽい人が多い」という声も聞かれます。これには、社会人としての常識やマナーに欠けているのではないか、という意味が含まれているようです。

子どもが幸せに毎日を過ごすためには、保護者や地域の人々と協力し、言葉のみならず行動や姿で"すてき"を語ることができる保育者でなければなりません。だからこそ、保育の場に限らず、社会のなかでも通用するマナーを身につけることが求められるのです。

本書は、保育者として現場に立っている人はもとより、保育者になるために学んでいる人にも、"すてきな保育者"としての知識・スキル・態度を身につけていただけるレッスンブックです。また、自分のマナーをふりかえって確認するための参考書でもあります。

ひとりで、同僚と、研修の場で、自分のマナーをふりかえって確認し、子どもの今を充実させて明日を切り拓いていく保育者として、よりいっそう輝かれることを願っています。

森　眞理

日浦直美

本書の特長と使いかた

● 毎日の保育で必要な対応、さまざまな園行事に際して身につけておきたいマナーなどについて、保育の現場で起こり得る、具体的なエピソードをあげて紹介しています。

● 保育の現場で感じる素朴な疑問、今さら人には聞けない初歩的な質問などを、各項目の最初のページで取り上げました。下に記されているページに、回答となる内容が掲載されています。

● 保育者としての基本的なマナーを取り上げています。当たり前だと思うところもあるかもしれませんが、意外とできていなかったり、おろそかになっていることも多いのではないでしょうか。自分自身のマナーを再確認する参考書としてもご活用いただけます。

● 冠婚葬祭や電話応対など、一般の企業や社会でも必要なマナーも取り上げています。保育現場ではつい見過ごしてしまうことも、社会では非常識とされるケースもありますので、ひとりの社会人として恥ずかしくない、常識的なマナーを身につけましょう。

● 各章ごとに、マナー常識人の「ニコさん」と、非常識人の「コマッタさん」を主人公にした愉快なコミックを掲載。マナーの基本を楽しく確認することができます。

セルフチェックの使いかた

各章にある「セルフチェック」は、テーマの理解度とマナーにかんして、自分でかんたんに確認ができるチェックリストです。❶～❿の順番に従ってチェックしてみましょう。チェックリストの項目ごとの合計点をダイヤグラムに書き込むと、自分の未達成な部分がよくわかります。

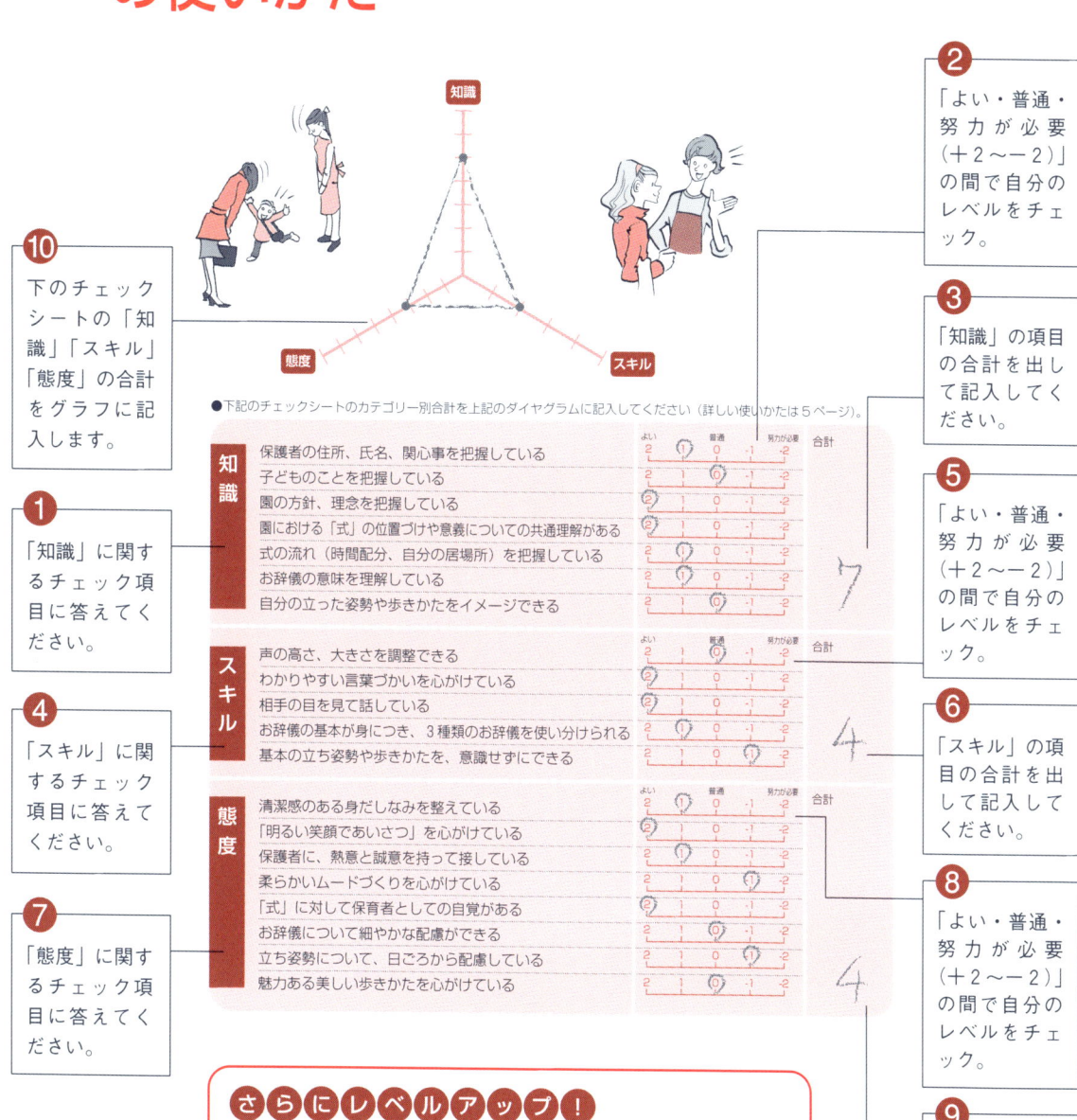

❷「よい・普通・努力が必要（＋2～－2）」の間で自分のレベルをチェック。

❸「知識」の項目の合計を出して記入してください。

❺「よい・普通・努力が必要（＋2～－2）」の間で自分のレベルをチェック。

❻「スキル」の項目の合計を出して記入してください。

❽「よい・普通・努力が必要（＋2～－2）」の間で自分のレベルをチェック。

❾「態度」の項目の合計を出して記入してください。

❿下のチェックシートの「知識」「スキル」「態度」の合計をグラフに記入します。

❶「知識」に関するチェック項目に答えてください。

❹「スキル」に関するチェック項目に答えてください。

❼「態度」に関するチェック項目に答えてください。

●下記のチェックシートのカテゴリー別合計を上記のダイヤグラムに記入してください（詳しい使いかたは5ページ）。

		よい　普通　努力が必要	合計
知識	保護者の住所、氏名、関心事を把握している	2　①　0　-1　-2	
	子どものことを把握している	2　1　⓪　-1　-2	
	園の方針、理念を把握している	②　1　0　-1　-2	7
	園における「式」の位置づけや意義についての共通理解がある	②　1　0　-1　-2	
	式の流れ（時間配分、自分の居場所）を把握している	2　1　⓪　-1　-2	
	お辞儀の意味を理解している	2　①　0　-1　-2	
	自分の立った姿勢や歩きかたをイメージできる	2　①　0　-1　-2	

		よい　普通　努力が必要	合計
スキル	声の高さ、大きさを調整できる	2　1　⓪　-1　-2	
	わかりやすい言葉づかいを心がけている	②　1　0　-1　-2	4
	相手の目を見て話している	②　1　0　-1　-2	
	お辞儀の基本が身につき、3種類のお辞儀を使い分けられる	2　①　0　-1　-2	
	基本の立ち姿勢や歩きかたを、意識せずにできる	2　①　0　-1　-2	

		よい　普通　努力が必要	合計
態度	清潔感のある身だしなみを整えている	2　①　0　-1　-2	
	「明るい笑顔であいさつ」を心がけている	②　1　0　-1　-2	
	保護者に、熱意と誠意を持って接している	②　1　0　-1　-2	
	柔らかいムードづくりを心がけている	2　①　0　-1　-2	4
	「式」に対して保育者としての自覚がある	②　1　0　-1　-2	
	お辞儀について細やかな配慮ができる	2　1　⓪　-1　-2	
	立ち姿勢について、日ごろから配慮している	2　1　⓪　-1　-2	
	魅力ある美しい歩きかたを心がけている	2　1　⓪　-1　-2	

さらにレベルアップ！

自分でチェックするだけではなく、同僚や友達にチェックしてもらうことで、客観的に見たマナーレベルがわかります。また、同僚のチェックリストと比較しあって、さらなるレベルアップを目指しましょう。

● これだけは知っておきたい ●

保育者のマナー

目次

はじめに ……… 3
本書の特長と使いかた ……… 4

1 保護者との出会い・式典のマナー ……… 8
保護者との出会いの前に／信頼につなげる保護者との出会い術／式典のマナー／ニコさん＆コマッタさん／セルフチェック

2 家庭訪問のマナー ……… 16
家庭訪問の事前準備／家庭訪問当日／家庭訪問が終わったら／ニコさん＆コマッタさん／セルフチェック

3 社会人としてのマナー ……… 22
通勤スタイル／保育中のスタイル／保護者会・懇談会スタイル／言葉づかい／ニコさん＆コマッタさん／セルフチェック

4 電話の応対マナー ……… 30
電話のかけかた5つのポイント／電話の受けかた5つのポイント／電話の応対こんな落とし穴が!!／ニコさん＆コマッタさん／セルフチェック

5 携帯電話のマナー ……… 36
携帯電話の達人になろう／保護者との共通理解のために／ニコさん＆コマッタさん／セルフチェック

6 懇談会・保護者会のマナー ……… 42
懇談会・保護者会の事前準備／懇談会・保護者会当日／事後のフォロー／ニコさん＆コマッタさん／セルフチェック

CONTENTS

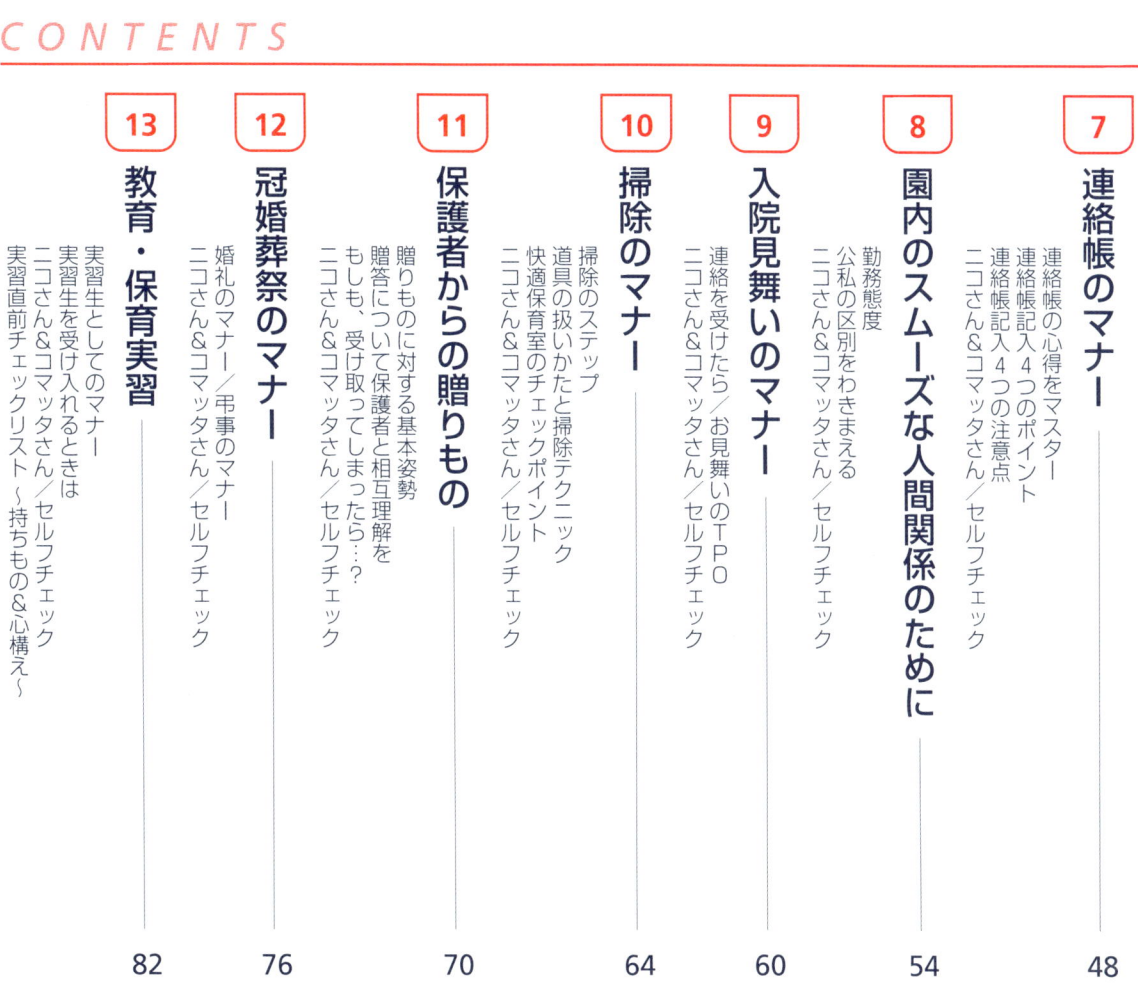

7 連絡帳のマナー … 48
連絡帳の心得をマスター
連絡帳記入4つのポイント
連絡帳記入4つの注意点
ニコさん&コマッタさん／セルフチェック

8 園内のスムーズな人間関係のために … 54
勤務態度
公私の区別をわきまえる
ニコさん&コマッタさん／セルフチェック

9 入院見舞いのマナー … 60
連絡を受けたら／お見舞いのTPO
ニコさん&コマッタさん／セルフチェック

10 掃除のマナー … 64
掃除のステップ
道具の扱いかたと掃除テクニック
快適保育室のチェックポイント
ニコさん&コマッタさん／セルフチェック

11 保護者からの贈りもの … 70
贈りものに対する基本姿勢
贈答について保護者と相互理解を
もしも、受け取ってしまったら…？
ニコさん&コマッタさん／セルフチェック

12 冠婚葬祭のマナー … 76
婚礼のマナー／弔事のマナー
ニコさん&コマッタさん／セルフチェック

13 教育・保育実習 … 82
実習生としてのマナー
実習生を受け入れるときは
ニコさん&コマッタさん／セルフチェック
実習直前チェックリスト〜持ちもの&心構え〜

1 保護者との出会い・式典のマナー

さまざまな式典や新しい保護者との出会いは、まさに緊張の連続。保育者として、社会人として、あなたは対応できていますか？日ごろの努力と、心配りが大切なのです。

- 子どもの名前さえ覚えておけば準備は万端？ → 9ページへ
- お辞儀って正式なやりかたはあるの？ → 12ページへ
- いつでもどこでも元気な声が保育者の基本!? → 11ページへ

自分、そして保護者を知ってお互いに好印象を

4月、新年度の始まりにどのような心の準備をしているのか、その心のありようは、まさに身だしなみ（服装）や態度（声、目の動き、表情）に表れます。緊張しているのは、新任の保育者だけではありません。3年たっても5年たっても、新年度当初は緊張するものです。

保護者にとってはなおさら。入園や新年度を迎える際、「優しい人？」「こわい人？」「明るい人？」「話しやすい人？」など、どんな担任の先生かを思いめぐらすのは当然のこと。かけがえのないわが子の毎日の生活をゆだねるのですから。

「第一印象で人を判断してはいけない」とよく言いますが、言い換えれば、それだけ第一印象が大切だということです。ドキドキ、ビクビクするのではなく、信頼関係を築く第一歩としてお互いに好印象を持てるよう、まずは、自分を知り相手（保護者）を知るための自己点検から始めましょう。

保護者との出会いの前に

お互いに緊張している保護者と保育者の出会い。信頼関係を築くためには、第一印象が重要です。そのためには、まず自分自身をしっかりチェック！

● 自分の長所・短所を知る

自分の性格、得意なこと、苦手なことを把握していますか。得意なことをいかすのはすばらしいことですが、苦手なことも受け入れる謙虚な姿勢を。弱点も、ときには保護者をホッとさせる魅力になることもあります。自分をゆったりと冷静に見つめる習慣をつけましょう。

● 身だしなみを再チェック！

ヘアースタイルや服装、アクセサリー、小物などの持ちものを今一度チェック！「これでいいや」と安易に考えず、子どもや保護者がかかわりたいと思える保育者をイメージしてみることから始めましょう。

● 豊かな表情で好印象を

喜怒哀楽の表しかたや話すときの表情が、豊かであるかどうかが、印象の決め手になります。鏡をみながら、好印象につながる表情レッスンをしてみましょう。

● 姿勢にも表情が表れます

姿勢や歩きかたにも、その人の心が表れます。うつむく、足や背中を丸める、肩を落とすといった悪い姿勢や、すり足歩きをしていませんか。また、声や言葉づかいも、心が表れる体の表情。「すてき」と思う人の姿勢や歩きかた、話しかたや声の出しかたを観察し学んでみましょう。

● 保護者を知る

保護者は、保育に関わるパートナーとして心に留めて。保育は準備が肝心であるのと同様、保護者一人ひとりについて把握し、理解することも信頼関係を結ぶにあたり大切です。保護者の氏名はもちろん住所や家族構成、子どもへの願いや気にしていることも心得ておきましょう。こうした準備をしておくと、出会いのとき、もっと知り合いたい、共に育ち合いたいという保育者の心意気が伝わります。

保護者との出会い・式典のマナー

信頼につなげる保護者との出会い術

●出会いの決め手は、心からの笑顔

「笑顔」とは、笑みをたたえた顔による表情のこと。それでは、「笑み」とは?

> **笑み**
> ①笑うこと
> ②転じて、花が開くこと。果実などが熟して割れること。
> （岩波書店『広辞苑』第五版、2002年）

つまり、お日さまに照らされて、心にある花が開き、表情となって表れたものが笑顔なのです。共に遊び、学び、生活する子どもと、その保護者との出会いは、春の訪れを知らせる桜が咲くような気持ちで迎えたいもの。子どもと保護者を迎えられる感謝と喜びを、心からの笑顔に託しましょう。

皆さん、はじめまして!

●コミュニケーションの第一歩は心のこもったあいさつから

笑顔と同じく大切にしたいのが、子どもと保護者一人ひとりへの心のこもったあいさつです。

●毎朝自分から
「おはようございます!」

●あいさつしたりしなかったり
「おはようございます!」
「あっ」

●保護者から言われて
「……」
「…おはようございます」

「おはようございます。」

イラストのどの保育者が子どもの保護者としてふさわしいか、言うまでもないですね。

「保護者はお客様。営業的なサービスを」という気持ちの形式的なあいさつではなく、保護者と打ち解けるための豊かなコミュニケーションの鍵として、あいさつを位置づけましょう。

10

● 状況に合った声と表情も大切！

声は、高過ぎず、はり上げ過ぎず。朝のあいさつはハッキリとした目覚めを意識させ、午後や迎えのときは、ゆったりと心やすらぎ安心できるような声を心がけましょう。身振り手振りもほどほどに。

● 毎日のふれ合いにも打ち解けるヒントが！

子どもについての話題はもちろんのこと、保護者の変化にもアンテナをはった会話を心がけましょう。ヘアースタイルや服装、アクセサリーなどに変化が見られたときは、すなおに誠実に感想を伝えます。毎日のちょっとした気づきにこそ打ち解ける秘訣があるのです。また声をかけるのが特定の保護者に偏らないように、自分でチェックする心づかいも大切です。

（イラスト）
- すてきなニットですね
- ママは赤が似合うって息子が言うんです
- また明日ね（ゆったり）— 迎えのときはゆったりと 
- おはよう！（ハキハキ）— 朝はハッキリとした声で

🙂 こんな工夫も！

園バスの保護者には「にこにこメモ」一歩近づく工夫を！

「うちは園バスなので、笑顔やあいさつは関係ない」なんて思っていませんか。直接会わなくても、間接的な笑顔やあいさつは十分可能です。

「にこにこメモ」「おひさま通信」などと題した付せんや一筆箋を用意して、笑顔とあいさつのかわりに連絡帳の中に気持ちを込める、というのも打ち解けるためのアイデア。ほんのひと言でも効果は絶大です。

式典のマナー

式典は、保護者が保育者を目にする最初の機会。保育者は、多数の保護者と立ち居ふるまいなど、基本的なマナーを身につけましょう。好印象を信頼へとつなげるための第一歩として、お辞儀やいても、保護者は大切なわが子を預ける相手として注目しています。

お辞儀

●お辞儀の基本は、呼吸にあり

お辞儀の「辞」はあいさつ、「儀」はしぐさを意味します。相手への礼や感謝、親愛を表す形としてお辞儀があるのです。式にはさまざまな来客があります。お辞儀の基本と、3種類のお辞儀のしかたを身につけましょう。

① 背すじを伸ばし、相手の目をやさしく見る
② 息を吸いながら、腰から上体を前傾する
③ お辞儀をしたところで、一呼吸止めてから息をゆっくり吐く
④ また吸いながら上体を起こし、もう一度相手と目を合わせる

●会釈・15度曲げる

背すじを伸ばし、相手の胸元から腰に視線を落とす感じ。にこやかに笑いかけるような雰囲気で行う。園内ですれ違うときや保護者とのあいさつに。

15°
背すじを伸ばす
相手の胸元から腰に視線を落とす

●敬礼・30度曲げる

背すじを伸ばして足下から1.5～2mのところに視線を落とし、上体を腰から曲げ、手が太ももの中間くらいまで下がるように。「1・2・3」の呼吸は余裕を持って。来賓の出迎えや上司へのあいさつに。

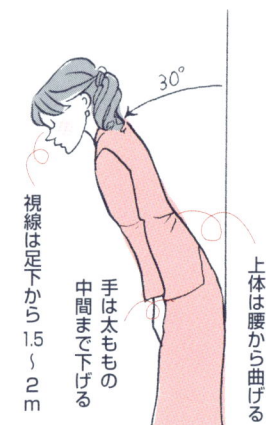

30°
視線は足下から1.5～2m
上体は腰から曲げる
手は太ももの中間まで下げる

●最敬礼・45度曲げる

背すじを伸ばし、足下から1mのところに視線を落とし、両方の指先がひざに届くくらいまで深く上体を傾ける。「1・2・3」の呼吸はゆっくり行い、2のところで呼吸をいったん止め、間をとってから静かに上体を起こす。大事なお願いやお詫びに。

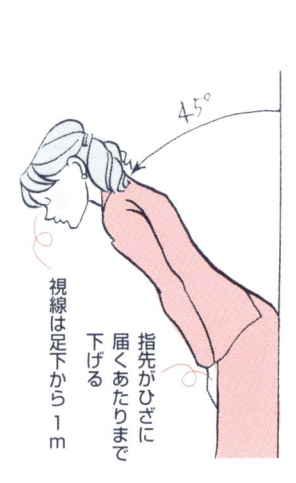

45°
視線は足下から1m
指先がひざに届くあたりまで下げる

12

立ち姿勢

式の最中や来賓のお迎え時など、多くの人の目に映るのが立ち姿。一朝一夕でマスターできるものではなく、ふだんから意識して身につけることが大切です。古くから伝わる小笠原流を参考に基本を紹介します。

立っているときは、緊張をほぐすようにゆっくりと静かな呼吸を心がけて

あご（首）を前に出さないように

背筋をしゃんと伸ばして、足は平行に床（廊下）を踏む

両手は肩の力を抜いて、太ももの前で指をそろえる

重心は、体の中心よりやや前方、土踏まずの前の方にかける

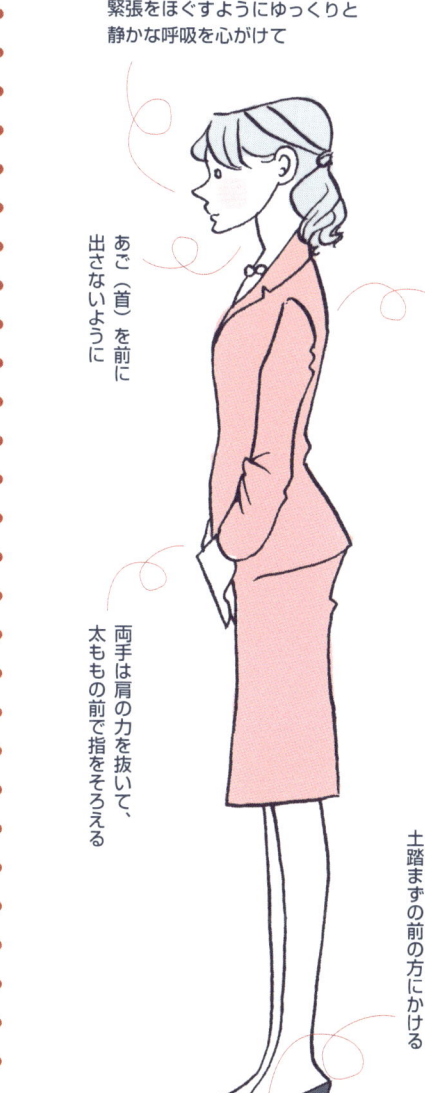

歩きかた

くつ音を立てる「ペタペタ歩き」、上体を前にかがめて腕を体の前で横にふる「ゴリラ歩き」、足を引きずる「じゃりじゃり歩き」などは避けたいもの。ふだんから歩くことにも注意を払いましょう。園によっては、スリッパ着用の場合も。くつ下選びも歩く姿勢に影響します。

あごを引き、目線は4mくらい先の地面を見るようにして歩く

両腕を軽く前後にふって、肩はゆらさず歩く

背すじを伸ばして、一本の線を挟むようにして足を並行に出す

足先ではなく、ももから歩くことを心がける。体が左右や上下にゆれないように

ニコさん＆コマッタさん

ニコさんの場合

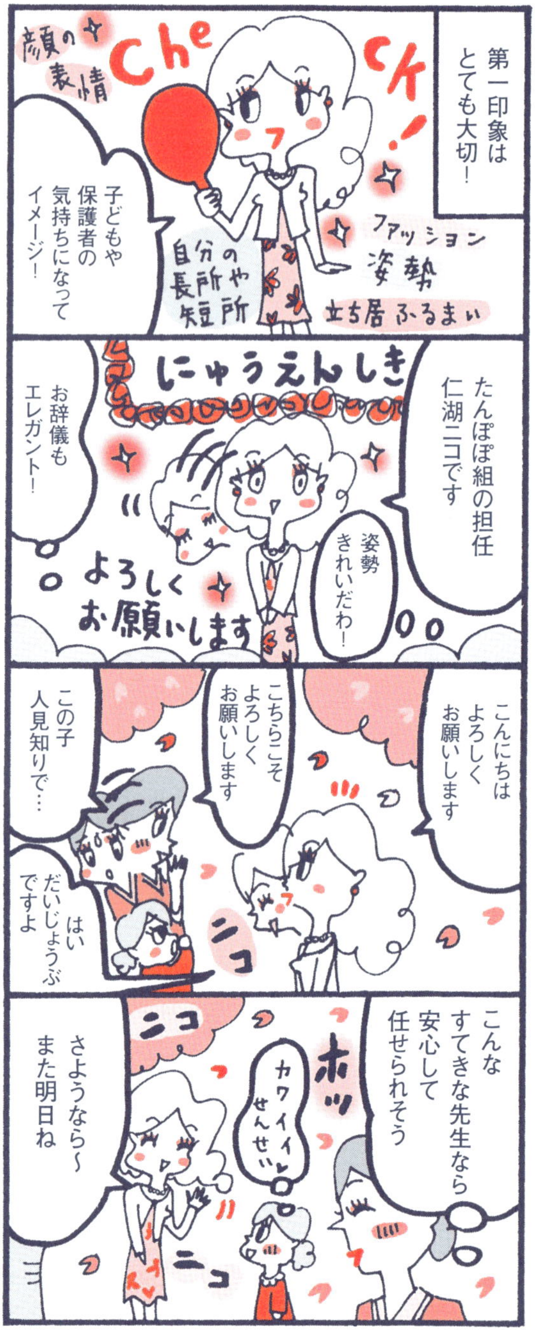

コマッタさんの場合

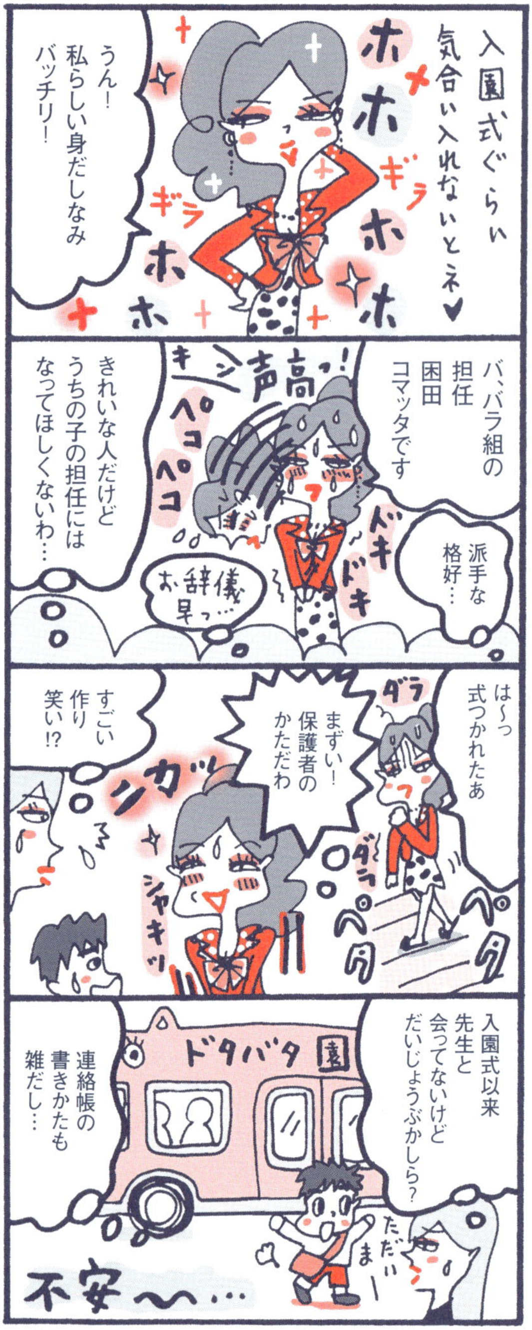

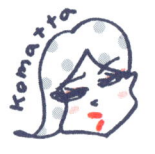

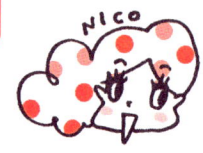

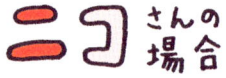

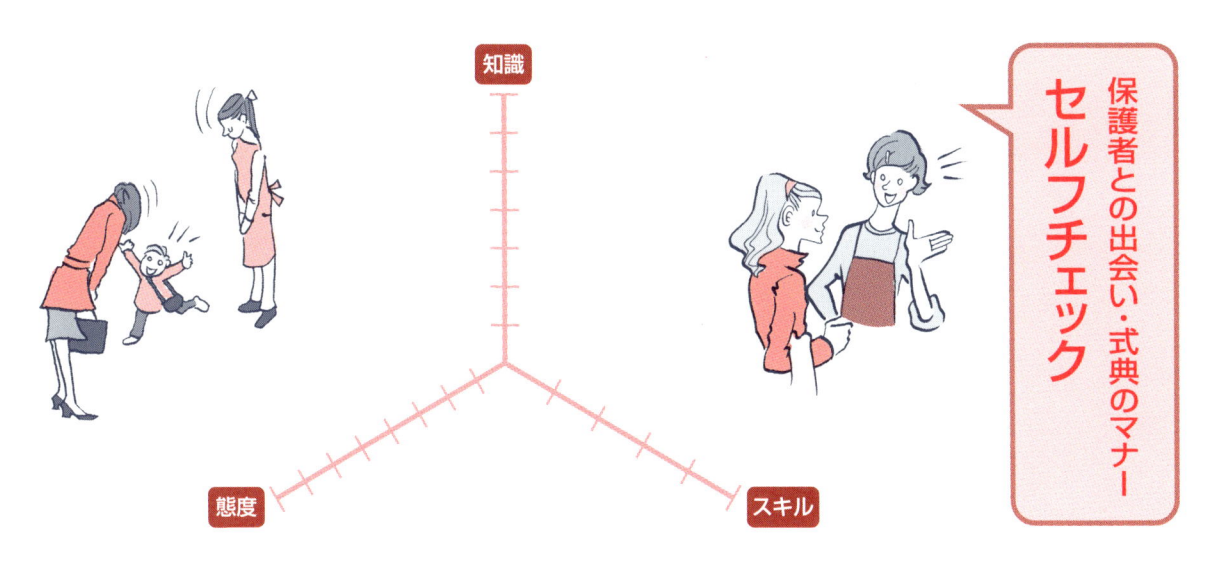

セルフチェック
保護者との出会い・式典のマナー

●下記のチェックシートのカテゴリー別合計を上記のダイヤグラムに記入してください（詳しい使いかたは5ページ）。

		よい　普通　努力が必要	合計
知識	保護者の住所、氏名、関心事を把握している	2　1　0　-1　-2	
	子どものことを把握している	2　1　0　-1　-2	
	園の方針、理念を把握している	2　1　0　-1　-2	
	園における「式」の位置づけや意義についての共通理解がある	2　1　0　-1　-2	
	式の流れ（時間配分、自分の居場所）を把握している	2　1　0　-1　-2	
	お辞儀の意味を理解している	2　1　0　-1　-2	
	自分の立った姿勢や歩きかたをイメージできる	2　1　0　-1　-2	
スキル	声の高さ、大きさを調整できる	2　1　0　-1　-2	合計
	わかりやすい言葉づかいを心がけている	2　1　0　-1　-2	
	相手の目を見て話している	2　1　0　-1　-2	
	お辞儀の基本が身につき、3種類のお辞儀を使い分けられる	2　1　0　-1　-2	
	基本の立ち姿勢や歩きかたが、意識せずにできる	2　1　0　-1　-2	
態度	清潔感のある身だしなみを整えている	2　1　0　-1　-2	合計
	「明るい笑顔であいさつ」を心がけている	2　1　0　-1　-2	
	保護者には、熱意と誠意を持って接している	2　1　0　-1　-2	
	柔らかいムードづくりを心がけている	2　1　0　-1　-2	
	「式」に対して保育者としての自覚がある	2　1　0　-1　-2	
	お辞儀について細やかな配慮ができる	2　1　0　-1　-2	
	立ち姿勢について、日ごろから配慮している	2　1　0　-1　-2	
	魅力ある美しい歩きかたを心がけている	2　1　0　-1　-2	

2 家庭訪問のマナー

保護者も保育者も緊張してしまう家庭訪問。せっかくの機会ですから、「会ってよかった！」とお互いに思える時間になるようにしましょう。

- 保護者とはどんな風に話したらいい？ → 19ページへ
- 園の近くだから地理は大丈夫…よね？ → 17ページへ
- 子どもの気になる点をカドを立てずに伝えるコツは？ → 18ページへ

（いつも眠そう…）

家庭訪問は、お互いがわかり合える第一歩

「どんなことを言われるのかしら」「○○さんの家と比べて見劣りしないかしら」「何を見られるのかしら」などなど…。先生が家に来ることは、保護者にとってかなり緊張することです。うれしいなと思っている子どもでも、当日、保護者の緊張している姿を見て、こわばった表情になったり、だだをこねたりすることもあります。

年度はじめに行う家庭訪問は、子どもの家庭環境や家の内部を採点・評価するためのものではありません。子どもの園生活が安定し、充実することをねらいとして、園の中ではうかがい知れない子どものようすや、子どもを取り巻く生活環境を知ること。また、保護者とわかり合える関係を築くための第一歩として家庭訪問は位置づけられます。限られた時間を有効に、「会ってよかった！」と保護者も保育者も思えるような家庭訪問にするために、身につけておきたいマナーを学びましょう。

家庭訪問の事前準備

当日、家庭訪問が円滑にすすめられるように、以下の点を前もって確かめておきましょう。保育者があたふたしたり、保護者が過度に緊張したりせずに、リラックスした雰囲気をつくり出せるよう、事前の準備を周到にすることは、最低限のマナーです。

● 園だより・クラスだよりで保護者に事前連絡

家庭訪問に先立って、保護者に訪問の概要を園だよりやクラスだよりで伝えておきましょう。

○ 茶菓子などについての姿勢は、園で共通理解をしておきましょう
○ 予想される話題について
○ いつ訪問するのか
○ なんのために行うのか

● 必要な情報をまとめた家庭訪問ノートを作る

訪問先であわてないように、必要な情報や話す内容をノートにまとめておきましょう。

○ 各家の場所やまわる経路、時間配分
○ 家族構成や園とのつながり。新任であれば先輩保育者から聞いておく
○ 4月からの園における子どものようす。生活習慣、遊び、仲間関係、興味・関心、心身の発達側面など
○ 生活リズム、疾病歴、家族関係など、保護者から聞きたいこと

家庭訪問 当日

●ポイントは、「サンドイッチ」!?

限られた時間内で、「あれもこれも」とたくさんのことがらを話し、そして聞くのは、無理な話です。限られた時間内で、一方的に「注意された」と保護者に受け取られないために心得ておきたいのが、サンドイッチ型の話しかたマナーです。

サンドイッチ型とは、ひと言で言えば、「言いにくいことや、マイナス思考な内容で挟む」というテクニック。下記を参考に実践してみましょう。

サンドイッチ型話しかた

＋ プラス／肯定的

「明るく友達とも仲良しなんです」

①まず、園で子どもがいきいきしている姿を話すなどして、リラックスした雰囲気をつくる。

− マイナス／問題点

「でも最近赤ちゃん返りの…」
「実は、妹が生まれてから…」
「そうですかでしたら…」

②次に、保護者が不安を抱いている点を引き出したり、いっしょに考えていきたい課題を提起したりする。

＋ プラス／肯定的

「優しいお兄ちゃんになりますよ」
「これからが楽しみ！」

③最後に、これから楽しみなことや、伸ばしていきたい点などを伝える。

●帰り際も肝心！バタバタしない心の余裕を

時間がオーバーしそうになったら、「気になることができたら、また園でもお話しましょうね」と余韻を残し、これっきりではないことを印象づけながらも、はっきりと次の訪問家庭があることを意思表示することが大切です。その際は、バタバタしない心と体の余裕を持ちましょう。茶菓子などについては、感謝の意を表した上で、園の方針を優しい口調を保ちながらも、はっきりと伝えましょう。

「気になることができたらまた園でもお話しましょうね」

18

●話しかたのくふうで信頼度はグングンアップ！

保育者の話しかたや表情、姿勢は、保護者が受ける印象を大きく左右します。保育者としてのプロ意識を持つと同時に、あなたの味方ですよ、と理解者になりたいと思っている姿勢を誠実に表しましょう。

好感度 UP の話しかた

- ゆっくり話す
- 共感する
- 背すじを伸ばす

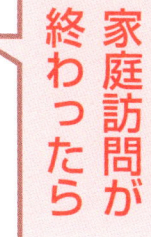

好感度 DOWN の話しかた

- 視線をそらす
- ふくみ笑い
- 髪にさわる
- 猫背
- 長い沈黙

家庭訪問が終わったら

●「よかった」の気持ちを伝えて

「時間をありがとうございました」「○○などと伝えることは、よりわかり合える関係を築くためのマナーです。やりっぱなしではなく、振り返りのときを持ち、「よかった」という気持ちを抱ける家庭訪問にしましょう。

できれば翌日、または訪問後数日中に「○○ちゃんのことをよりよく理解するきっかけとなりました」

きのうはありがとうございました。

またね！

ニコさん&コマッタさん

コマッタさんの場合　　ニコさんの場合

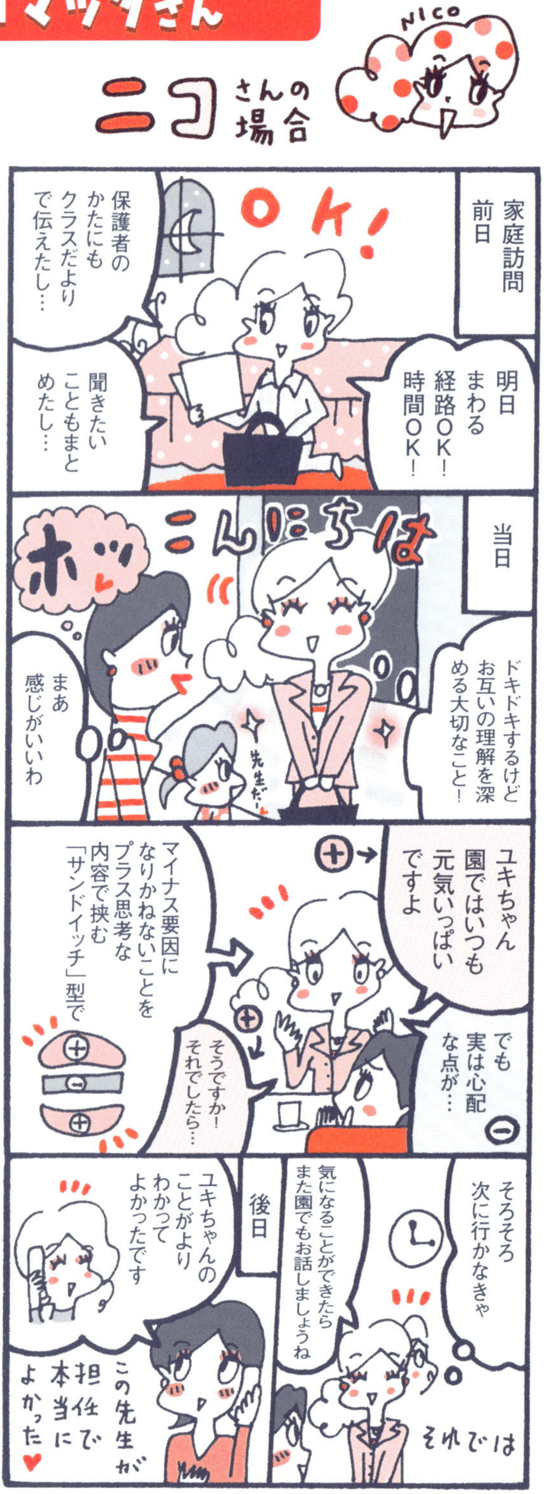

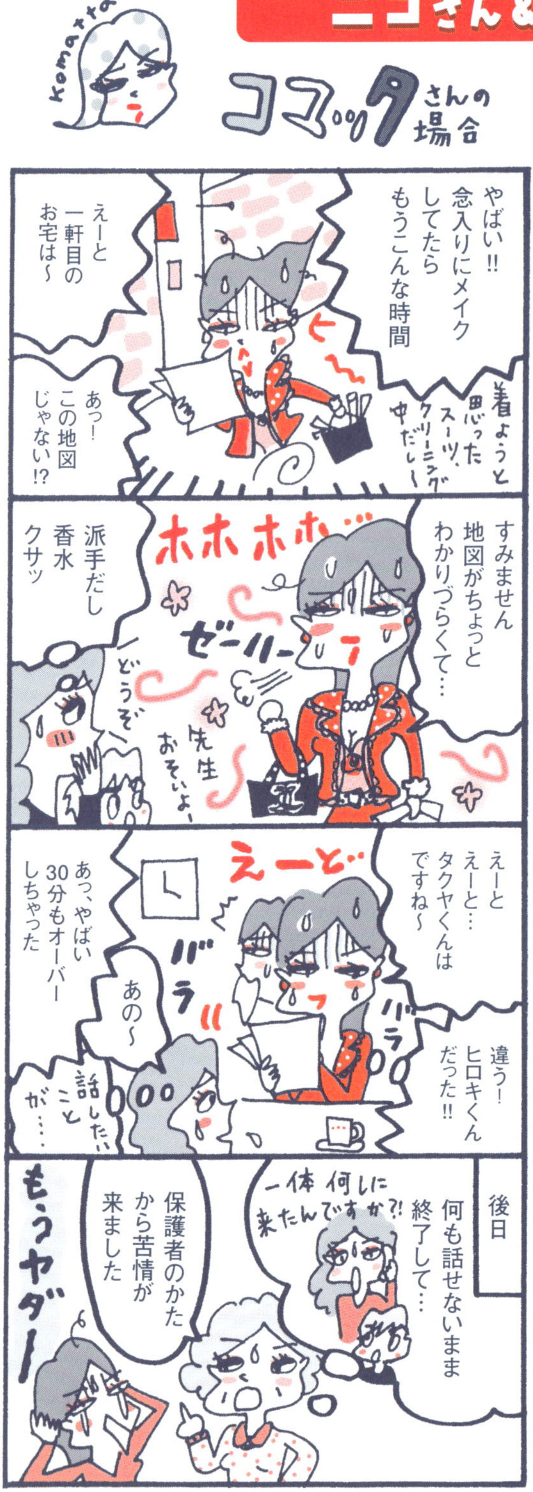

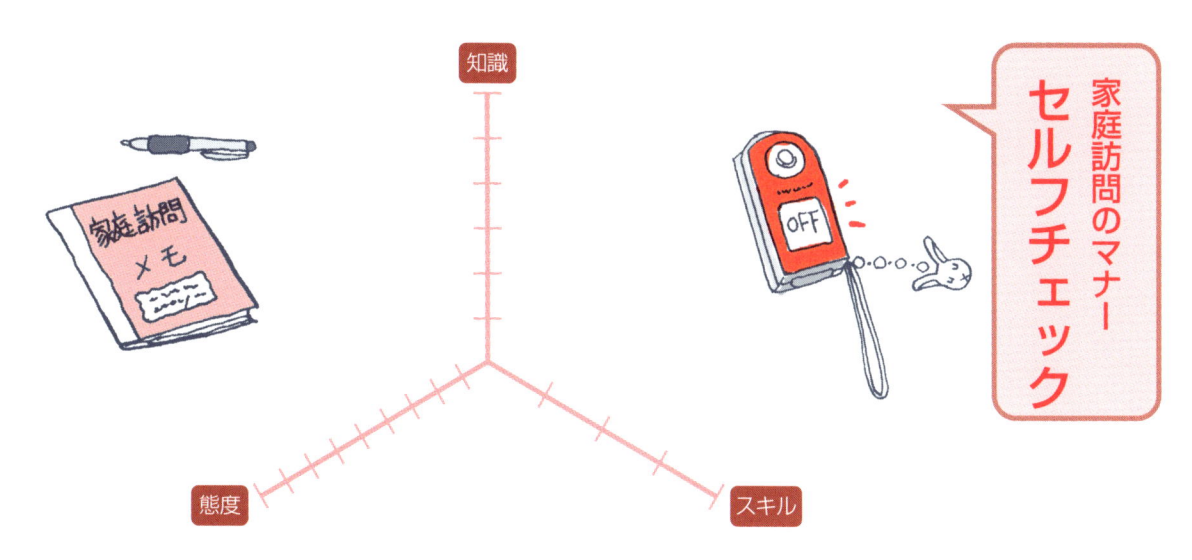

家庭訪問のマナー セルフチェック

ダイヤグラム軸：知識／態度／スキル

●下記のチェックシートのカテゴリー別合計を上記のダイヤグラムに記入してください（詳しい使いかたは5ページ）。

知識

項目	よい		普通		努力が必要	合計
個人調査票から子どもの成育歴を把握している	2	1	0	-1	-2	
個人調査票から家族構成を把握している	2	1	0	-1	-2	
家の場所や行きかたを理解している	2	1	0	-1	-2	
園での子どものようすを話すための用意をしている	2	1	0	-1	-2	
保護者から聞きたいことをまとめてある	2	1	0	-1	-2	
茶菓子などの対応についてあらかじめ決めている	2	1	0	-1	-2	

スキル

項目	よい		普通		努力が必要	合計
わかりやすい言葉づかいを心がけている	2	1	0	-1	-2	
保護者との距離感（立つ位置、座る位置）を心がけている	2	1	0	-1	-2	
園の子どものようすを具体的に、手短に話せる	2	1	0	-1	-2	
手短にメモをとることができる	2	1	0	-1	-2	

態度

項目	よい		普通		努力が必要	合計
動きやすく清潔で、上品な身だしなみである	2	1	0	-1	-2	
アクセサリーや化粧が派手ではない	2	1	0	-1	-2	
訪問先では携帯電話の電源を切っている	2	1	0	-1	-2	
「よい聞き手」であることを心がけている	2	1	0	-1	-2	
「子どものことを教えてください」と謙虚な気持ちを持っている	2	1	0	-1	-2	
保護者の心配をわかち合う気持ちがある	2	1	0	-1	-2	
過度に期待感を抱かせずに誠意を表すようにしている	2	1	0	-1	-2	
リラックスした雰囲気づくりを心がけている	2	1	0	-1	-2	
家庭訪問は有意義だと心から思っている	2	1	0	-1	-2	

3 社会人としてのマナー

服装や身だしなみ、言葉づかいには、仕事に対する意識や意欲が表れます。TPOをわきまえた、その場にふさわしいスタイルを身につけましょう。

- 通勤のときくらい好きな服装でいいよね？ → 23ページへ
- 保育中は、動きやすいジャージがいちばん!? → 24ページへ
- できるだけていねいに「お」をつけて話せば無難だよね？ → 27ページへ

いつまでも"ワタシ流"は禁物　社会人としての常識を持って

「髪の毛はぼさぼさ、洋服もしわくちゃ」「お化粧が濃く、香水のにおいも強くて近寄りがたい」「園外で、あいさつしたのに無視された」などなど。残念ながら、どれも保育者にかんして保護者や実習生から実際に耳にした言葉です。こうした保育者に自分がなりたい、自分の子どもをゆだねたい、と思いますか？「子どもの個性を大切にすることをモットーにしているのだから、"ワタシ流""オレ流"でいいでしょう」とまで極端ではないにしても、周りの人と調和した気持ちよい生活づくりのマナーを心がけていない人は、保育者として以前に社会人としての意識に欠けていますね。

保護者との懇談会や実習生受け入れの時期はもちろん、ふだんから自分に責任を持ち、社会人としてのマナーを点検し、すてきな保育者としての実践力を身につけていきましょう。学生のかたも、「明日はわが身」の気持ちで学んでいきましょう。

通勤スタイル

●保護者や地域の人の目が通勤時にも注がれます

保育中は、プロとしての意識を持ち、きちんとあいさつができるし、いきいきてきぱきと動いている。しかし、園外では、ダラダラ歩いたり、背中が丸まっていたり、華美なアクセサリーやキャラクターグッズで身をかためていたりしている——。こんな姿をあなたならどう思いますか？通勤時のスタイルは意外と見られているもの。保護者に限らず地域のかたたちが、保育者や園を評価することにつながっているのです。

TPOをわきまえる

TPOとは、「Time（時）」「Place（場所）」「Occasion（状況・場合）」の頭文字を合わせた言葉です。この３つの条件に応じて、どのような服装・髪型・持ちもの・言葉づかいがふさわしいのか、考慮してふるまうことがマナーの常識です。

*T*ime

通勤の時間帯を考え、露出度の高い服やフリルやレースづかいの華やかな服、ヒールの高い靴、過剰なアクセサリーなど、夜遊びやパーティのような服装や髪型は避けましょう。

*P*lace

「園の外も保育の場」と意識し、地域のかたに園や保育者を理解してもらう広報の場という意識を持ち、身だしなみや歩きかたに気をつけましょう。

*O*ccasion

遅刻しそうだからといって、ジャージやエプロン姿で通うのはもってのほか。勤めに行っていることを忘れないスタイルを心がけて。

BAD!　　GOOD!

社会人としてのマナー

> 保育中のスタイル

● 活動的なおとなの
カジュアルスタイルを

保育中の姿には、その保育者が大切にしていることが表れる、と言われます。衿もとや袖ぐちが汚れていたり、裾がほころんでいたりするのは論外。体に合わない服や、だらしない格好では、子どもや保護者の心をつかむことはできません。

*T*ime

子どもたちと活発に過ごす時間です。運動性や機能性に富んだ服装や髪型に留意します。

*P*lace

子どもの生活や美的センスを育む場でもあります。保育に支障をきたすアクセサリーや、キャラクターに偏った服装＆持ちものは、相応しくありません。

*O*ccasion

保育の場だからと、常にジャージ姿や作業着に近いスタイルですませてしまうのではなく、子どもたちや保護者から「あの先生すてき！」と親密感や愛着心を持ってもらえるようなスタイルを心がけましょう。

Male GOOD!

Female GOOD!

24

保護者会・懇談会スタイル

Female GOOD!

Male GOOD!

*T*ime

保護者にとってはフォーマルな時間です。保育者全員が紺やグレーのスーツを着る必要はありませんが、学び合いの気持ちが表れるようジャケットと、落ち着いた色や形のスカートまたはパンツを選びます。

*P*lace

子どもについての情報を共有すると同時に、保護者と保育者が知り合い、支え合う関係性を育むきっかけとなる場です。保育中とは、ひと味違う服装と持ちもの（"かわいい"から卒業したファイルや筆記用具など）を心がけます。

*O*ccasion

子どもについて話をしたい、また保育者から教えてもらいたい、園のようすを知りたい、といった気持ちで来る保護者に対し、身だしなみからも礼をつくすことが求められます。

● 保護者に対して礼をつくすビジネス&フォーマルな服装

保護者会や懇談会は、保護者と保育者とが子どもや園について話し合いながら、学び合っていくための大切な機会です。お互いへの配慮は、身だしなみにも表れます。園内だからといって、保育中の服装そのままで出席するのは、相手に対して失礼です。TPOをわきまえたおとなとして、フォーマルなスタイルの着こなしも身につけましょう。

> 言葉づかい

● 気づかずに使っている保育者言葉の落とし穴

「赤ちゃん言葉」や「若者言葉」「おやじギャグ」など、あるグループ内でだけ通じたり頻繁に用いられたりする言葉に、タイトルがつけられることがよくあります。そのグループ内では、常識として共通理解でき、グループの一員としてのアイデンティティともなります。しかし、グループ外の人からは「なんか変」とか「通用しない」と思われることも。

いわゆる「保育者言葉」も、保育者自身は当たり前だと思い、無意識に使っていることと思います。しかし、保育の場以外で生活している人は「なんか変」と感じるかもしれません。保育者自身の言葉づかいについて、もう一度おさらいしてみましょう。

● 「○○組さーん」「男の子」「女の子」と常に集団で呼ぶのはNG

「みなさーん」「さくら組さーん」「男の子」「女の子」など、とかく子どもを集団で呼んでいませんか？

便利で安全な保育現場の言葉ですが、いったいだれに対する言葉なのか不明確で、子どもは戸惑ってしまいます。

また、「男の子・女の子」の乱用は、知らず知らずのうちに子どもに対して、「こうあるもの」とジェンダー意識を助長することにもなりかねません。

絶対に使ってはならないということではありませんが、「いつ・どこで・なぜ使うのか」と考える意識を持って使いましょう。言葉に対する繊細さを身につけたいものです。

> さくらぐみ さぁ〜〜ん！

> 女の子なんだから静かに待っててね！

26

●「明るい」「元気」「よい子」と子どもにレッテルをはらないで

「明るい子」「元気な子」「よい子」など価値基準が伴う言葉が、頻繁に使われています。「明るい子」「元気な子」「よい子」など、知らず知らずのうちに子どもにレッテルをはることになり、同時に保護者も、子どもに対しての評価として敏感になってしまいます。

特に「明るく、元気に！」という言葉の乱用は、子どもが声を張り上げるといった発声の乱れや、言葉に対する無頓着な態度を養うことにもつながります。やみくもに使うのではなく、「明るい」ということの意味や、言葉のとらえかたを考えましょう。

●「お」言葉の乱用は×

保育関係以外の方からよく指摘されるのが「お」言葉です。「お集まり」「お当番さん」「お片づけ」「おトイレ」などなど。なんでもかんでも「お」をつけてしまっていませんか？「お」をつければていねいな言葉づかいになって安心だと思いがちですが、誤った使いかたも多くあります。ひとりよがりの"はだかの王様"状態になっていないかどうか改めて考えてみましょう。

> 先生といっしょに「おそと」で「おあそび」しましょうね
> 「おかたづけ」したら「おそと」で「おあそび」しましょうね

●いつでもどこでも自分を「先生」周りが混乱します

あそびや活動の導入、昼食などの場面で、保育者が自分のことについて子どもや保護者に話す際、状況を考えずに「先生はね…」と使っていませんか？　確かに子どもから見れば先生ですが、むやみに使うのも考えものです。ときと場所をふまえた言葉づかいを心がけたいものです。

また、最近、子どもに「○○ちゃん」と保育者を名前で呼ばせている園もありますが、これも目上、目下といった状況を考えず、子どもに混乱を生じさせる使いかたです。

> 先生ね、
> 先生は…
> 先生の…

😟 若者言葉、どう思いますか？

学生や若い保育者のなかで、頻繁に使われているのが、「～じゃないですか」「ですよね」「なので」「やっぱ」「うちら」「～的」「させてもらう」「ビミョー」などの若者言葉。新任保育者と接する中堅やベテランの保育者なら、「そうそう」と思い当たるかもしれません。ダメだと断言するのではなく、どうしてこのような言葉が「なんか変」と受け止められるのか、子どもの言葉習得に影響を及ぼす第一人者としての意識を持って、園内でも話し合ってみましょう。

社会人としてのマナー

ニコさん&コマッタさん

ニコさんの場合
園の外でも私は保育者!!
おはようございます
いつもすてき
保育中
リズムあそび
片づけの時間
会議中
保護者会
園内でもTPOに応じてファッションも言葉づかいも!
ニコ先生、子どもたちからも保護者からもすてきだって評判ですよ
社会人ですから
私も見習います

コマッタさんの場合
キャーーッ
またまた遅刻!?
頭ボサボサ
またジャージのまま通勤
またあの先生…
で、なんとか到着
おべんとうの時間
いただきまーす
ダラー
ジャージ
男の子ーもっと元気に!!
考えずに言葉を乱用
男の子でしょうー!?
ギャー!
うるさい!!
どーせ園内だもん なんだっていいやー
ま、いっかあー
保護者会
こんにちはー
キャラクターグッズまみれ…
気がつけば一日ジャージ…
ジャージだし…
ジャラジャラ
休日
ケバ ケバ
知らないフリー
やばっ保護者のかただ
あれ先生?
あっ、あの人が担任なのか?

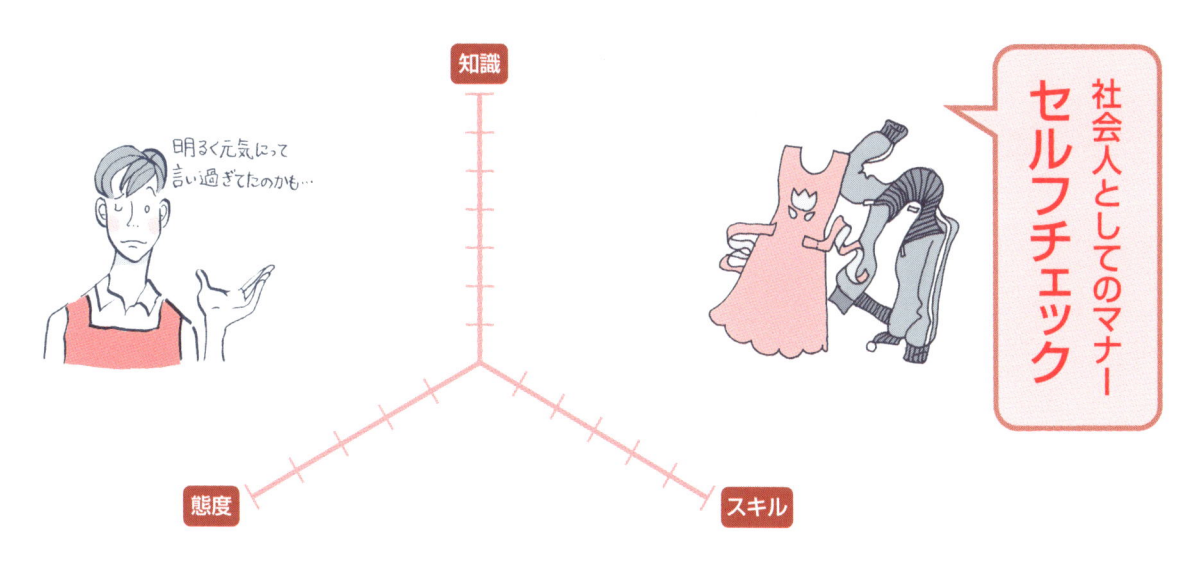

社会人としてのマナー セルフチェック

知識
態度　スキル

●下記のチェックシートのカテゴリー別合計を上記のダイヤグラムに記入してください（詳しい使いかたは5ページ）。

		よい　　普通　　努力が必要	合計
知識	社会人としてふさわしいスタイル（服装・髪型など）を理解している	2　1　0　-1　-2	
	保育中、ふさわしいスタイル（服装・髪型・履きものなど）を理解している	2　1　0　-1　-2	
	懇談会にふさわしい、好感の持たれる身だしなみを理解している	2　1　0　-1　-2	
	子どもの言葉の発達を理解している	2　1　0　-1　-2	
	言葉をやりとりする状況や対象を心得ている	2　1　0　-1　-2	
	ていねい語、尊敬語、謙譲語の使い分けができる	2　1　0　-1　-2	
	園における言葉づかいの方針・理念を理解している	2　1　0　-1　-2	

		よい　　普通　　努力が必要	合計
スキル	定期的に身だしなみチェックをしている（化粧、髪型、つめ、持ちものなど）	2　1　0　-1　-2	
	香水や化粧がきつくならないよう心がけている	2　1　0　-1　-2	
	意味がはっきりとわかる言葉づかいが身についている	2　1　0　-1　-2	
	話しかたのテンポを心得ている	2　1　0　-1　-2	
	言葉の抑揚やボリュームに留意している	2　1　0　-1　-2	
	親しさと、なれなれしさの違いがわかる	2　1　0　-1　-2	

		よい　　普通　　努力が必要	合計
態度	ブランド品やキャラクターグッズは、控えめにするよう心がけている	2　1　0　-1　-2	
	通勤時でも、ダラダラとしゃべりながら歩かないよう心がけている	2　1　0　-1　-2	
	保育者としての言葉づかいを意識している	2　1　0　-1　-2	
	言葉に対する愛着がある	2　1　0　-1　-2	
	自分の口癖・言葉づかいの特徴を自覚している	2　1　0　-1　-2	

明るく元気にって言い過ぎてたのかも…

4 電話の応対マナー

スマートな電話応対は、社会人として身につけたいマナーのひとつ。うっかり恥をかく前に、基本的なポイントを押さえておきましょう。

保護者への連絡は仕事がひと段落した夕方ごろがいい？
→31ページへ

電話では、元気よく大きな声がいい…よね？
→33ページへ

電話の相手がかけ直すといったときは伝言は不要？
→32ページへ

電話は園の表玄関 応対次第で園全体の評価が変わります

電話の応対は、園の評価を大きく左右する、いわば"表玄関"です。ていねいな話しかたは、子どもを大切にしている園だろうと思わせますが、ぶっきらぼうな話しかたでは、「子どもは大丈夫かしら…」と心配させることもあります。

在園児の保護者をはじめ、園にはさまざまな人から電話がかかってきます。相手に気持ちが通じるような、電話の応対マナーの基本を身につけておきたいですね。

電話応対は、自分を写し出す鏡です。お日さまのように明るい発声を心がけましょう。

30

> 電話のかけかた
> 5つのポイント

① いつ電話をするのが適切？

大原則は、TPOを忘れないこと。食事の時間帯（18時～19時）や深夜は極力避け、長くなりそうな場合は、「今、お話してよいでしょうか？」と最初に確認しましょう。

② 最初に名を名乗るかけまちがえたらきちんとお詫びを

まず「こんにちは。私、○○園の△△ちゃんのクラス担任の□□ですが…」と名乗ります。まちがえたとき「あっ！」「えーっ」などは禁句。「まちがえてかけてしまいました。失礼いたしました」とていねいに詫びて切りましょう。

（吹き出し）こんにちは 私、○○園の△△ちゃんの担任の□□ですが…

③ まずは、相手を確認

よくあるのが、子どものおかあさんだと思っていたら、お祖母さんだったというケース。食い違いに気づいてから聞きなおすのは失礼です。お祖母さんに心配をさせてしまい、家族内のもめごとに発展しないとも限りません。「おかあさまですか？」との確認は最初にしましょう。

④ 子どもの声が聞こえたら

子どもにとって保育者からの電話はうれしいもの。しかし、いつもうれしい内容とは限りません。子どもは、親の応対（声の調子や表情）をよく見ています。子どもの気になるようすや、保護者間のことなどは、都合のよい時間を聞いてかけ直しましょう。

⑤ 切る際も、ゆったり余裕を持って

用件がすんだら、「ありがとうございました」「今後ともよろしくお願いいたします」「失礼いたします」などのひと言を添えて、ゆったりと余韻を持たせて切りましょう。心の余裕を忘れずに。

（吹き出し）ありがとうございました！

電話の受けかた 5つのポイント

① 呼び出し音は3回まで

呼び出し音は3回鳴るまでに出るのがベスト。迅速に対応しましょう。3回以上で出る場合は、「お待たせしました」のひと言を忘れずに。ただし、いかにもあわてて受話器をとりました、という印象を与えるのは困りもの。急いでいても息を整えてから出ましょう。

② 相手の名前が聞き取れなかったら…

相手が早口だったり、名乗らなかったりした場合、確認は失礼にはなりません。「失礼ですが、お名前をうかがってよろしいですか」「恐縮ですが、どちらさまですか」と尋ねます。このときも誠意を忘れずに。

③ 不在の場合の応対

先方が希望する話し相手が不在の場合は、「あいにく本日は不在にしております。明日には戻る予定です」などと答えましょう。通常、行き先まで詳しく相手に伝える必要はありません。相手に「さしつかえなければ、ご用件を承ります」などと確認してみることも大切。

④ 忘れずにメモを！

電話をとる際にはまずメモの用意を。応対中メモが見つからない場合は、「申し訳ございません。メモをとらせていただきますので、少々お待ちください」と言いましょう。何も言わずにガサガサ探すのは、相手に不快感を与えます。相手の所属・氏名・用件・日時は最低限メモを。内容の復唱も怠らないで。

⑤ 受話器を置くタイミング

用件が終わるやいなや、ガチャンと受話器を置くのは、悪印象を与えます。ひと呼吸し、一礼する気持ちで受話器を置きましょう。電話をかけたほうが、先に切るのが原則ですが、目上の方や保護者の場合は、相手が切ってから切る心づかいを。

32

電話の応対 こんな落とし穴が!!

●元気な声はほどほどに

ときどき、「ファーストフード店?」と思ってしまうような、甲高い声で応対する保育者がいます。快活というより、マニュアルどおりの冷たさと、幼稚さを印象づけるので避けましょう。

●携帯電話からはNG

園からかけるのを忘れて、急いで携帯電話から保護者にかける場合が多くなってきたようです。携帯電話は便利ですが、急に切れてしまったり、周囲の騒音で話し声も大きくなったりしがち。緊急時以外は、極力避けるよう日常から気をつけましょう。

●即回答が「よし」とは限らない!

保護者からの相談や苦情に対して、「自分の責任で返答を」と思う気持ちは高く評価したいところですが、ちょっと待って! 園に対する批判など込み入った内容で、自分で判断しかねる場合は、返答することをきちんと伝えていったん切ります。急ぎの場合は、速やかに主任や園長に代わりましょう。その際、おろおろせずに毅然として、「園全体にかかわることなので、代わる」という含みを持たせることが大切です。

●伝言をメモしたつもりが… そんなうっかりミスには?

通話中、伝言をメモしたつもりでも、あわてていたり、聞きまちがいをしたりして、誤った内容を記してしまうこともあります。伝言内容や約束の日時などは、読み上げて確認する習慣をつけましょう。

●親しい間柄にも礼儀を

以前担任した子どもの保護者などに対し、親しみから友達づきあいの口調になっていませんか? どんな場合でも、保育者としてのプロ意識を忘れずに。

●電話に出る人が変わったら…

最初にあいさつをして自己紹介をし、用件を伝えているために、話したい相手に変わったとたん、いきなり本題に入ってしまうことがありませんか。電話に出る人が変わるたび、きちんと伝えましょう。

ニコさん＆コマッタさん

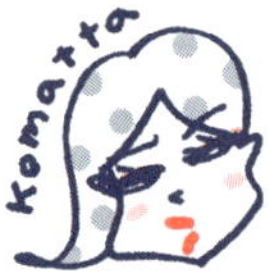

コマッタさんの場合

ニコさんの場合

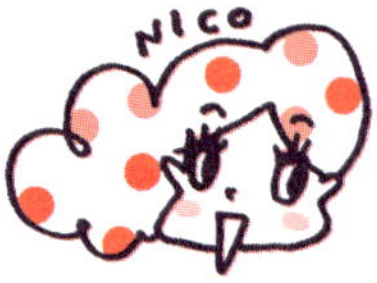

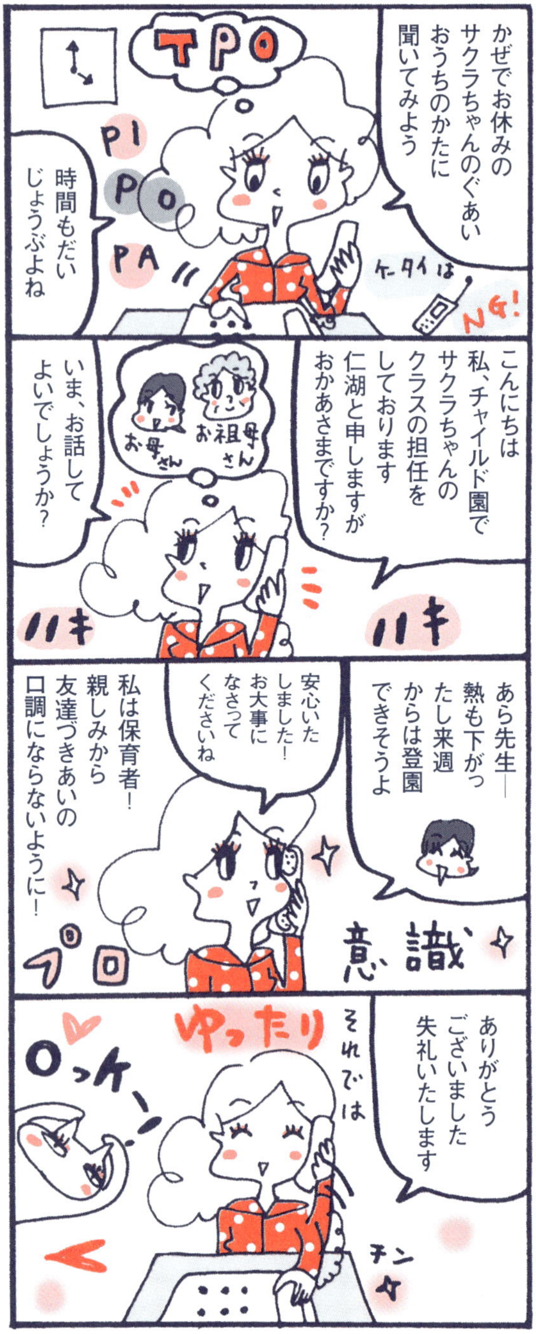

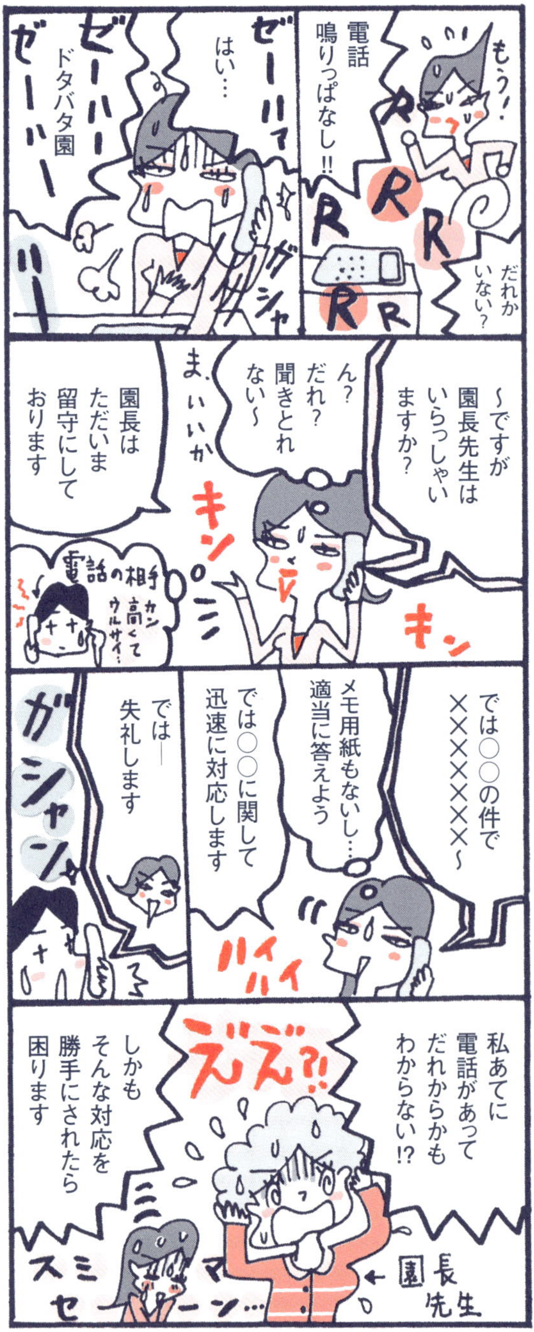

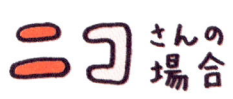

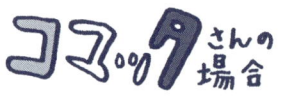

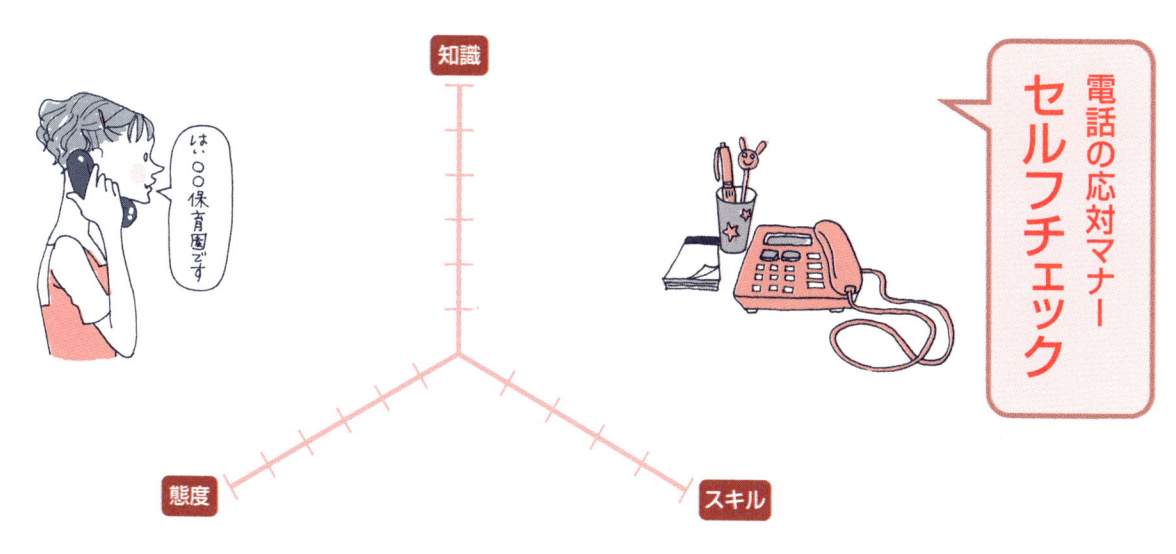

電話の応対マナー セルフチェック

はい、○○保育園です

知識

態度　　　　スキル

●下記のチェックシートのカテゴリー別合計を上記のダイヤグラムに記入してください（詳しい使いかたは5ページ）。

知識		よい　　　普通　　　努力が必要	合計
	電話のかけかた5つのポイントをマスターしている	2　1　0　-1　-2	
	電話の受けかた5つのポイントをマスターしている	2　1　0　-1　-2	
	園の電話を受けるとき、「もしもし」は不要であることを心得ている	2　1　0　-1　-2	
	各々の家庭の緊急連絡先を把握している	2　1　0　-1　-2	
	個人情報としての電話番号の管理ができている	2　1　0　-1　-2	
	各々の家庭の都合のよい時間帯を把握している	2　1　0　-1　-2	

スキル		よい　　　普通　　　努力が必要	合計
	電話の応対にふさわしい声が身についている	2　1　0　-1　-2	
	電話の応対に適切な話の速度が身についている	2　1　0　-1　-2	
	はっきりと語尾まで話すスキルを身につけている	2　1　0　-1　-2	
	受話器の置きかたのタイミングを身につけている	2　1　0　-1　-2	
	用件を簡潔にまとめて話すことができる	2　1　0　-1　-2	

態度		よい　　　普通　　　努力が必要	合計
	園の電話は、"表玄関"とみなしている	2　1　0　-1　-2	
	呼び出し音が鳴ったら、すすんで電話に出る	2　1　0　-1　-2	
	あわてずに、落ち着いて電話の応対ができる	2　1　0　-1　-2	
	誠意を持って相手と話すように心がけている	2　1　0　-1　-2	
	かけまちがえたときは、素直に謝ることができる	2　1　0　-1　-2	
	即答できない内容には、園内で相談することができる	2　1　0　-1　-2	

5 携帯電話のマナー

携帯電話(スマートフォン)のマナー、「私はだいじょうぶ!」と胸をはって言えますか? 気配り・目配り・音配りがじょうずにできる、携帯電話の達人でいたいですね。

園に着く前なら歩きながらの電話はかまわない?
→37ページへ

携帯電話のマナーを保護者にきちんと伝えるには?
→39ページへ

緊急連絡にそなえて保育中でも着信音を鳴らすべき?
→38ページへ

便利が不便?マナーを再確認

現在、世界中の携帯電話使用者は15億人以上。日本でも、実に国民のふたりにひとりが携帯電話を持っていると言われます。これだけ普及したのは、それだけ生活に役立つからで、保育のなかでも重要な役割を果たすことがあります。園外保育中の緊急事態、子どもの発熱を保護者に伝えるとき、家庭訪問の際の確認などです。しかし他方で、医療機器への影響や、ついつい使いすぎての大出費、いわゆる"ワン切り"、容赦なく入る連絡、置き忘れによる個人情報の大量流出など、トラブルも後を絶ちません。保育現場でも、懇談会中に、携帯メールを気にして保育者の話を聞かない、会のはじめに必ず「電源を切ってください」と伝えなくてはならない、子どもの生活発表会でも着信音が鳴り響くなど、携帯電話をめぐるトラブルを耳にするようになりました。スマートな携帯電話使用者としてのマナーを身につけましょう。

携帯電話の達人になろう

●通勤電車では電源をOFFに

通勤の電車やバスの中では、電源はOFFに。言うまでもなく心臓ペースメーカーを装着している人がいる場合もあります。「みんなが通話やメールをしているから」は禁物です。
自家用車で通勤している場合も、安全のために電源を切ります。なお、平成16年11月の道路交通法の改正により、運転中に携帯電話を手に持って通話をしたり、メールなどで画面を注視したりすると、罰則の対象となります。違反点数は、1点、反則金は普通自動車の場合6,000円、5万円以下の罰金が科せられます。なお、自動車の停止状態やケガの救護時は対象外です。

●歩きながらの通話は控えましょう

園へ向かう道での、歩きながらの通話もご法度。保護者とバッタリ出会ってしまい、気まずい思いをすることがないように通話やメールは控えましょう。正しい生活センスを身につけたマナーじょうずな保育者でいたいですね。

●職場では、常にマナーモードまたは電源OFFに

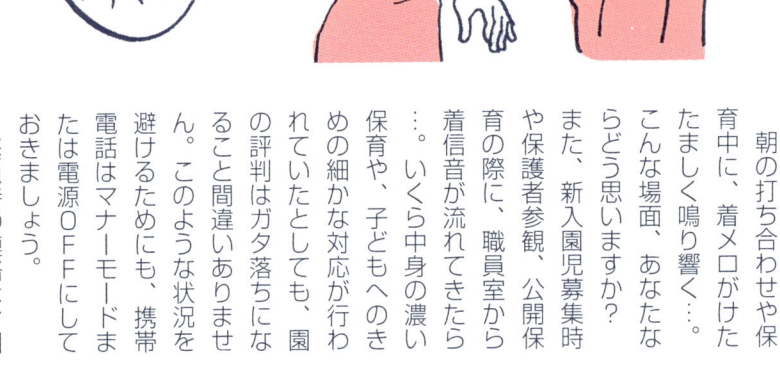

朝の打ち合わせや保育中に、着メロがけたたましく鳴り響く…。こんな場面、あなたならどう思いますか？

また、新入園児募集時や保護者参観、公開保育の際に、職員室から着信音が流れてきたら…。いくら中身の濃い保育や、子どもへのきめの細かな対応が行われていたとしても、園の評判はガタ落ちになること間違いありません。このような状況を避けるためにも、携帯電話はマナーモードまたは電源OFFにしておきましょう。

緊急時の連絡は、園の電話を取り次いでもらえるような、オープンな関係を築いておきたいものです。

●相手が通話可能かまず確認を

自分からかけるときは、相手が通話可能な状況かどうかを必ず確認しましょう。反対に、自分が電話を受ける立場になっても同様です。移動中など話せない状況の場合は、臆せずに、話せない状況であること、いつごろ通話できるか、かけ直すころあいを伝えましょう。

よく手で電話口をおおって話す光景を見かけますが、そうしたとき相手が受ける音は、聞き取りにくいですし、コソコソしている姿はスマートではありません。

保護者との共通理解のために

懇談会や式典、生活発表会をはじめとする行事の際、「携帯電話の電源はOFF」が常識ですが、なかなか守られないのが実情です。しかし、保護者に対して唐突に、「携帯電話はOFFに！」とはなかなか言いにくいもの。そこで、保護者と携帯電話に対して共通理解ができるように、学年度の初めの懇談会で「マナー講座」を設けてみましょう。参加型の会にして、当事者意識をアップするのも効果的です。

●チェック・リストで自己採点を

本書の「セルフチェック」のようなリストを配り、自己評価します。その後、周りの人と話し合う時間をとりましょう。自己を振り返る機会（当事者意識）を持つと、携帯マナーに対する共通理解が深まります。

●ロールプレイで和やかに

「こんなときは迷惑だな」という状況は、当事者になってみないと実感がわからないものです。そこで、状況を設定して、寸劇（ロールプレイ）をするのも一案です。「公共の場における携帯電話のマナー」といったテーマを示して、小グループに分かれて、配役から考えてもらうと、保護者間の雰囲気が和む効果もあります。

●クイズ形式で楽しみながら

質問は、「病院はマナーモードでOK?」「新幹線の中での携帯使用はOK?」など。あらかじめ、「○」「×」「△」の回答カードを作り、小グループ対抗のクイズ形式に。みんなで携帯のマナー意識を高めます。カードは「にこちゃん」「こまったちゃん」「はてなちゃん」などとしても楽しいですね。

●フリートークで仲間意識を高めて

直球型のフリートークは、一人ひとりの声を大切にしたいというときに最適。「園における携帯マナーについて」や「携帯マナーじょうずな人とは？」といったテーマを提示して、小グループで話し合うのは、同じ価値観を持って共にすごす仲間として保護者同士の意識を高める上でも効果的です。

40

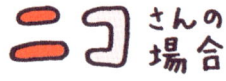

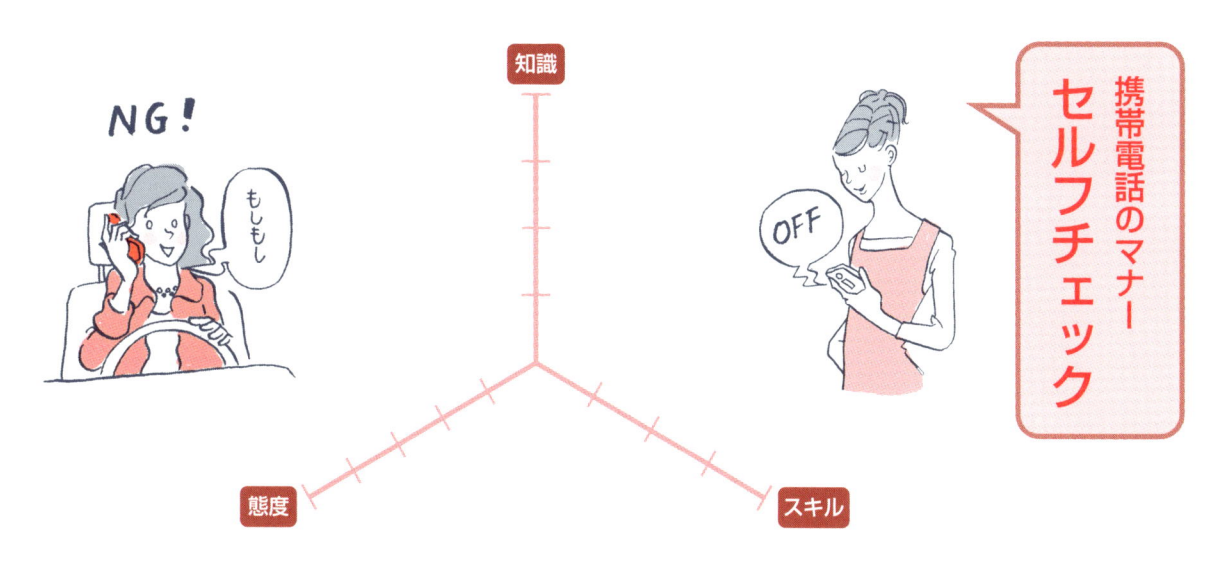

携帯電話のマナー セルフチェック

●下記のチェックシートのカテゴリー別合計を上記のダイヤグラムに記入してください（詳しい使いかたは5ページ）。

		よい　　　普通　　　努力が必要	合計
知識	電源をOFFにするTPOを心得ている	2　1　0　-1　-2	
	心臓ペースメーカーへの携帯電話の影響について理解している	2　1　0　-1　-2	
	自動車運転中の携帯電話使用の罰則を知っている	2　1　0　-1　-2	
	いわゆる"ワン切り"の内容について理解している	2　1　0　-1　-2	

		よい　　　普通　　　努力が必要	合計
スキル	電源のON・OFF、マナーモードの使い分けができる	2　1　0　-1　-2	
	園に着く前に電源を切るかマナーモードにする習慣がついている	2　1　0　-1　-2	
	公共の場における携帯のマナーを身につけている	2　1　0　-1　-2	
	会議中に緊急の連絡が入った場合、速やかに音を立てずに退席できる	2　1　0　-1　-2	

		よい　　　普通　　　努力が必要	合計
態度	どう携帯を使うのか、気配りじょうずになることを心がけている	2　1　0　-1　-2	
	どこで携帯を使うのか、目配りじょうずになることを心がけている	2　1　0　-1　-2	
	どう携帯を使うのか、音配りじょうずになることを心がけている	2　1　0　-1　-2	
	自分なりのON・OFFの使い分けの基準を持っている	2　1　0　-1　-2	
	すてきな保育者＝携帯電話達人という認識をしている	2　1　0　-1　-2	

6 懇談会・保護者会のマナー

事前の準備や当日の対応などが、面倒だとついつい思ってしまっていませんか？ しかし、お互いを知り、関係を深めるには絶好の機会です。

人の前で話すのは苦手
印象アップの方法はある？
43ページへ

スムーズかつ和やかに
進行するポイントは？
44ページへ

欠席した保護者には
どう対応する？
45ページへ

懇談会は、パートナーとしての関係を深める場

懇談会は、園の保育内容について、具体的な事例を交えて話すことで、園での子どもの成長をより詳しく保護者に知らせることができる機会です。そして、子どもの課題を保護者といっしょに乗り越えていきたいことを示して、子どもの育ちを分かち合い、育ち合えるパートナーとしての関係を深めていく機会にしたいものです。

保護者には、懇談会に意欲的な思いを抱いている人がいる反面、不安で緊張してしまう人もいます。その多くは、「なんのための懇談会か」がはっきりしていないことが原因。ですから、ねらいや内容についての焦点を絞り、保護者も「関与している」と思えるよう展開にくふうを凝らすことが大切。よりよい人間関係をつくることがマナーの基本です。限られた時間を有効に使い、「有意義なひとときだった」とお互いに思えるような懇談会にするためのマナーをしっかりと身につけたいですね。

42

懇談会・保護者会の事前準備

保護者の参加があってこそ、活発になり、有意義なときとなる懇談会。事前の準備が成功の秘けつです。

●テーマや形式はあらかじめ保護者に伝えて

色やイラスト、形など、懇談会のお知らせの手紙にひとくふうしていますか。懇談会のテーマを伝えると同時に、家庭での子育てに役立つと保護者に期待させる要素を、はっきりと示しておくことが大切です。また、懇談会がどのような形態なのか、保護者が予想できるような配慮も必要です。

●当日の流れを把握し、環境を整えることが重要

当日のテーマや、子どものようすなどをしっかり把握しておくことはもちろん、環境整備をデザインし、演出することも、マナーとして重要です。さらに、新任の保育者は、顔の表情や姿勢、発声についても、客観的に自分を知り、あらかじめ練習しておくことを怠らないようにしましょう。

ひとくふうで印象アップ！

柔らかな笑顔で

◎柔らかで相手が安心するような表情で。作り笑顔ではなく、優しさのある目元や口元を意識しましょう。

◎目をキョロキョロさせず、上目づかいに相手を見ない。複数の保護者を前に話をするときは、全体に目を配りながら。面談時には、相手が緊張しない程度に時々視線を合わせる。

柔らかな表情で…！

美しい姿勢が基本

◎背すじを伸ばし、猫背になっていないか、両足が開き過ぎていないか、だらしない格好ではないかなどに気をつける。

背すじを伸ばして！

話す人数で声のトーンを変えて

◎複数の保護者の前で話すときは、明るくハッキリした声で、落ち着いて話す。
◎個人面談のときは、落ち着いた柔らかなトーンで話す。

懇談会・保護者会 当日

●クラス懇談会は、全員が見える配置に

机やいすの配置は、懇談会の雰囲気を左右するもの。そのときの人数やテーマなどによって決めましょう。クラス懇談会は、参加者全員が、お互いの顔が見えるよう、いすを円形に並べます。机もある場合は、ロの字形に。和やかに話し合いができるようくふうしましょう。ビデオやスライドを取り入れる場合は、その都度、保護者の協力を得て、目的に合った位置にいすや机を移動させましょう。

和気あいあいと進めたいのは、保育者も保護者も同じ。しかし、ダラダラしていては、話が核心にふれることなく終わってしまいます。反対に、両者が緊張するテーマが話題となることも。保育者からの一方的な伝達や指導で終わることなく、保護者もかかわっていると実感してもらえるように、保護者の声を聞くくふうが求められます。メリハリのある展開を心がけましょう。

●タイムスケジュールに沿って進行する

タイムスケジュールをあらかじめ作り、時間内でひとまず終了するようにします。また、携帯電話の電源をOFFにすることも含め、大切な時間であることを、ユーモアを交えつつ伝え、きずな作りへの協力を促しましょう。

いすだけの場合
保育者

●個人面談は正面対峙を避けて

個人面談では、机を間に挟んで向かい合うといった、真正面から対峙する形は避けましょう。机の角を挟んだとなり同士など、少しずらした形で座るのがベストです。場所も、部屋の真ん中ではなく、落ち着いて話ができるところを慎重に選びたいですね。保護者が座る位置に座ってみて、視野に入るものがどのようなものであるか、前もって確認しておくとよいでしょう。緊張せずに話せる雰囲気づくりも大切なマナーです。

44

● 導入と展開にひとくふう

リラックスして進められるように、子どもたちがふだんしている手あそびやうたを取り入れてみてもよいでしょう。ビデオやパワーポイントによるスライドショーなども含めて展開すると効果的です。

● 事例・ロールプレイを有効活用

難しいと思われるテーマについては、事例やロールプレイを用いて、いろいろな視点からみるようにしましょう。いっしょに考えていると実感できるような展開がベストです。

事例やロールプレイを用いて話し合うテーマ例

- ◎子ども同士のけんか（事例）
- ◎子ども同士のけんかが親同士のトラブルに発展した例（事例）
- ◎子どものしかりかた（ロールプレイ）
- ◎子どものほめかた（ロールプレイ）

● まとめと、これからの展望をしっかり伝える

懇談会の最後に内容をまとめ、伝達事項を話します。その上で、具体的に取り組めるような課題をあげて、次回への期待や、きずなを深めていきたいと思えるようなつながりを持たせて会をしめくくります。

保護者の出席に対し、心から感謝するという気持ちを忘れないようにしましょう。

事後のフォロー

● 欠席者へも配慮を

出席できなかった保護者への配慮も大切。つい出席者を中心に考え、欠席者は関心が低いとみなして放っておかないようにしましょう。配布資料を渡すだけではなく、ひと言メモを添えたり、別の日にミニ懇談会を開いたりと、欠席した保護者が「次回は出席したいな」と思えるような努力が必要です。毎回とはいかなくとも、分かち合いたいという気持ちを忘れないことを保護者へのマナーとしたいですね。

ニコさん＆コマッタさん

コマッタさんの場合

懇談会もう明日だわ
特に考えてないけどなんとかなるわよね

当日
何か意見のある人？
あの〜個人的なことなんですけど…
あのー
あのーっ
…でさー

あっ、役員決めなきゃ!!このなかからだれか…
欠席している人のなかからでいいんじゃないですか？
今ごろ急に？
きょう忙しいのに！
もう1時間オーバーよ

終了
もう次回から出なくていいよね〜
時間もったいないしね
懇談会なんて本当意味ないわ〜
疲れたー

一体、なんのための会だったの？

ニコさんの場合

懇談会は保護者との関係を深められる大切な機会！
限られた時間を有効に使わないと
今回はこの3つについて話そう！
えーと…

お互いの顔が見えるように机はこの形がいいかな？
少しでも気軽に話せて和める雰囲気に、と…

子どもたちがふだんしているうたや手あそびを取り入れてもOK！
リラックスしてもらおう！
会では感情的にならず進められるように
そろそろ次の議題にいかなきゃ！

終了
きょうはお忙しいところありがとうございました
こちらこそとても有意義でした！
参加してヨカッター

事後
欠席者への配慮も忘れずに
メモまで添えてある…
配布資料

46

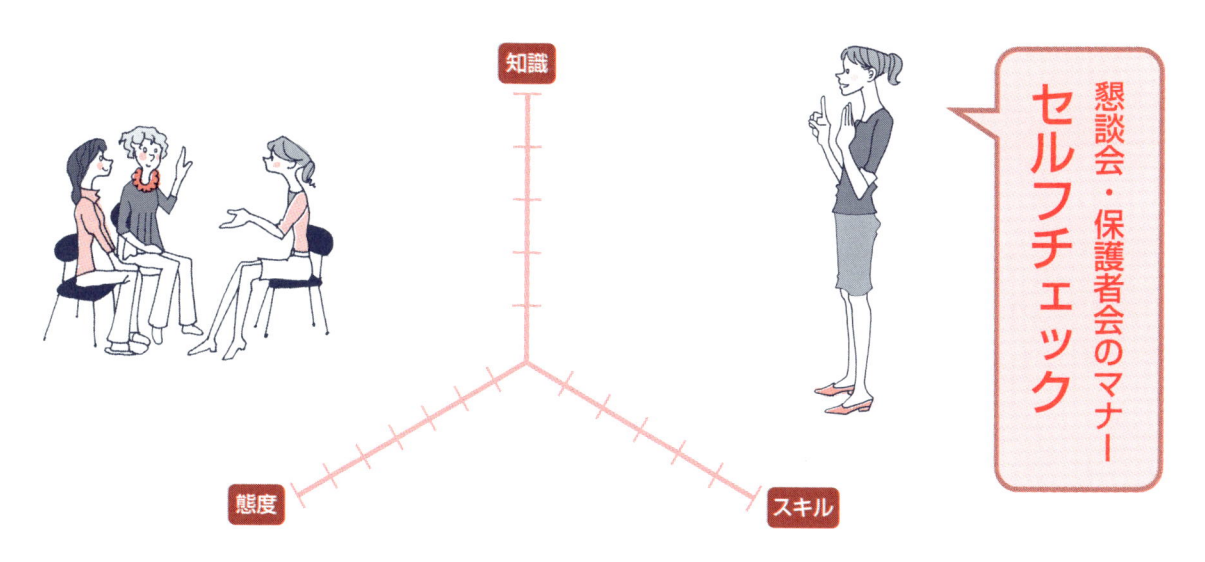

懇談会・保護者会のマナー セルフチェック

●下記のチェックシートのカテゴリー別合計を上記のダイヤグラムに記入してください（詳しい使いかたは5ページ）。

		よい　　　普通　　　努力が必要	合計
知識	懇談会のねらいと意義を把握している	2　1　0　-1　-2	
	懇談会の目的を保護者に伝えている	2　1　0　-1　-2	
	園での子どものようすを把握している	2　1　0　-1　-2	
	保護者の興味・関心を理解している	2　1　0　-1　-2	
	保護者からの質問について予測を立てている	2　1　0　-1　-2	

		よい　　　普通　　　努力が必要	合計
スキル	聞き取りやすい発声を心がけている	2　1　0　-1　-2	
	言葉づかいについての練習をしている	2　1　0　-1　-2	
	手あそびやうたなど、その場で行えるような実践法を身につけている	2　1　0　-1　-2	
	時間配分を考えている	2　1　0　-1　-2	
	保護者の質問や意見を簡潔にまとめられる	2　1　0　-1　-2	
	感情をコントロールできる	2　1　0　-1　-2	

		よい　　　普通　　　努力が必要	合計
態度	懇談会は有意義であると心から思っている	2　1　0　-1　-2	
	清潔で上品な身だしなみである	2　1　0　-1　-2	
	アクセサリー・化粧は派手過ぎない	2　1　0　-1　-2	
	よい聞き手であることを心がけている	2　1　0　-1　-2	
	保護者と分かち合い・育ち合いたいパートナーとして見ている	2　1　0　-1　-2	
	その場で回答できないことは、ごまかさずに誠意を表している	2　1　0　-1　-2	
	リラックスした雰囲気づくりを心がけている	2　1　0　-1　-2	

7 連絡帳のマナー

連絡帳は、保護者と保育者のコミュニケーションの場。子どもの成長を共に見守り喜び合うパートナーとなるために、大いに活用しましょう。

何を書いたらいいのか毎日迷います
→50ページへ

連絡帳をまちがえて持ち帰るのを防ぐいい方法はないですか？
→51ページへ

保護者からの深刻な相談にはどう対応すればいい？
→50ページへ

連絡帳は、未来への架け橋 そして宝物にもなります

「何度も読み返したい」ものか、「二度と読みたくない」ものか、評価が二分するのが、園と家庭を結ぶ連絡帳です。以前、「私の幼児期の宝物」がテーマの授業で、ある学生は連絡帳を持ってきました。「将来の進路を考えたときに読み返したら、先生の温かい心が思い出され、幼稚園教諭になりたい気持ちがはっきりとしたのです」と、持参した理由を語ってくれました。

連絡帳は、その場限りの形式的な文書ではありません。連絡の本来の意味は、「連なり続くこと・関連すること」です。連絡帳は、園と子ども・保護者が関係を続けること、すなわち、未来への架け橋となる役割を果たすためのものでもあります。家庭と心をつなぐ連絡帳とするため、書きかたや、活用法を考えてみましょう。

> 連絡帳の
> 心得をマスター

● 誤字・脱字はもちろん厳禁　丸文字・絵文字、記号（！、？）の多用、くだけ過ぎた表現もNG

「文は人を表す」と言われます。連絡帳に書き込まれる文字や文章は、あなたやあなたの園を表しているのです。このことを心にとめて連絡帳を書くようにしましょう。

● 個人情報の管理は徹底して

文字に書いたものはあとに残り、いろいろな人の目に触れる可能性があります。保護者以外の人に知られては困るような重要事項は、保護者と直接話すほうが賢明です。

● 連絡帳？　それとも電話？　面接で？　ケースバイケースで対応し、トラブルを避けて

誠意を尽くそうと思えば思うほど、連絡帳を書く難しさに直面するものです。そんなとき、よく確認せずに電話をかけたり、自分だけで面接をしたりするのは避けましょう。
だからといって、主任や園長に頼りっぱなしなのも困りもの。園内で相談する際は、子どもや保護者のようすをきちんと伝えてから、さらに配慮しなければならないのが、個人情報の厳守です。保護者によっては、なんの断りもなく、主任や園長が秘密を知っている、と立腹するケースも。「主任にも相談していっしょに考えましょう」と了解を得てから、保護者が話しやすい場を設けるよう心がけましょう。

● 連絡帳以外の通信手段もうまく使う

園と家庭をつなぐ文書による通信手段は、FAXや「園だより」「クラスだより」などもあげられます。それぞれ様式や目的が少しずつ異なりますが、基本マナーは、連絡帳と共通です。家庭と"心つながる橋"となることを心に留めて。日ごろから、新聞などのコラムに目をとおし、短い文章で書くワザを学ぶ努力も大切です。

49　連絡帳のマナー

連絡帳記入4つのポイント

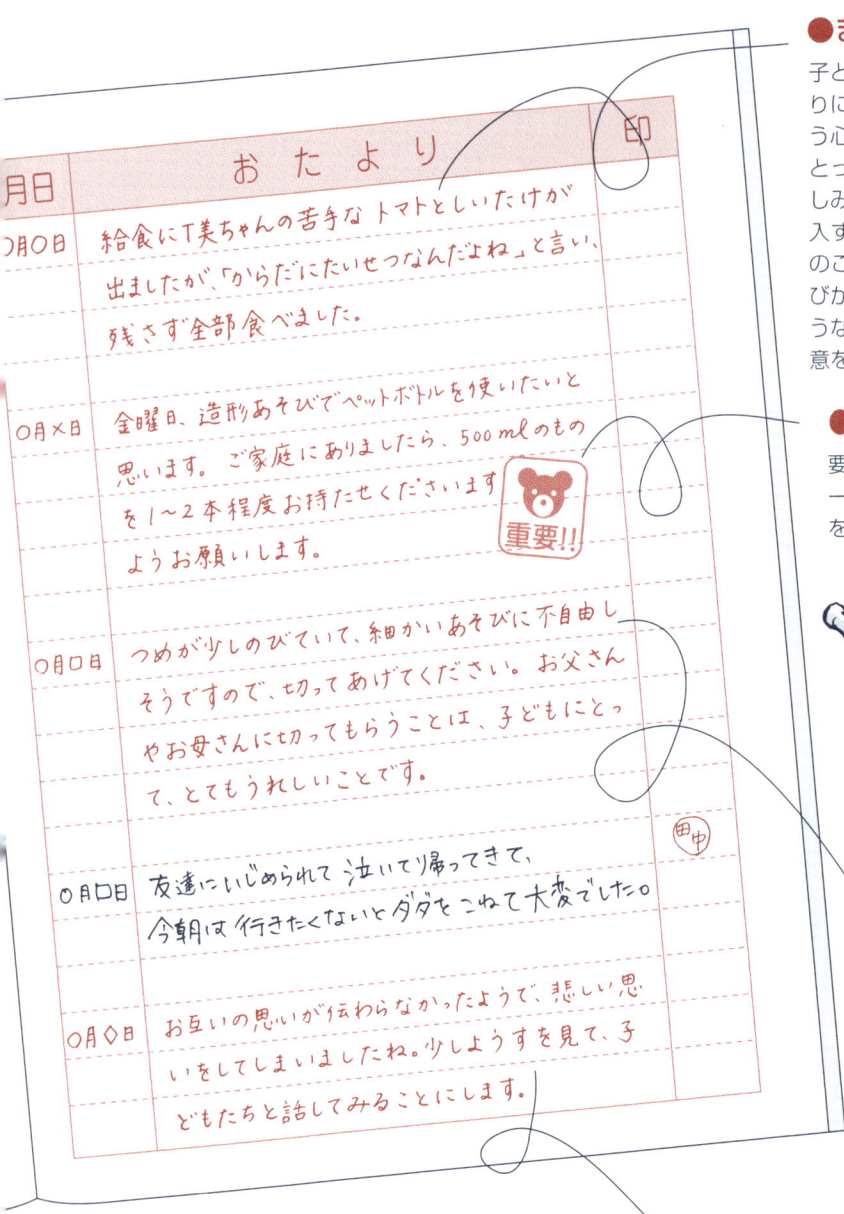

●まずは子どもについてふれる

子どもの遊ぶ姿や表情、友達とのかかわりにかんして、ほんのひと言でも記すよう心がけて。特に園バス利用の保護者にとってはそのひと言が育児への励みや楽しみになります。年度末の指導要録を記入する際にも役立ちます。ただし、「このごろ元気がありません」「ひとりあそびが多いです」など、不安材料となるようなことをひと言で言い切らないよう注意を！

●連絡・伝達事項は目立たせて！

要点は簡潔に記します。スタンプやシールを効果的に用いて、保護者の注意を促すようにするのも効果的です。

●お願いは書きかたにコツが

留意点は、"審判"のような切り口ではなく、共に育つ"コーチ"の気持ちで書くこと。「名前がありません。書いてください」と書くのと、「残念ながら名前が書いてありませんでした。○○ちゃん『おかあさんに書いてほしいな』と、楽しみにしています。名前を書いてお持たせください」とでは、響きが違います。持ちものをそろえたり、名前を記入したりすることは保護者の責任ですが、肝心なのは"両方通行"。保育がスムーズに展開できるためにはどうしたらよいかを念頭におきます。

●相談事項は、まずは"受けとめた"という合図を

連絡帳には、深刻な相談も寄せられます。程度の差はありますが、段階を踏んで対応しましょう。まずは「お願い、助けて」という保護者の悲鳴に、「真剣に受け止めていますよ」という声を送ることから始めましょう。

月日	おたより	印
○月○日	給食にT美ちゃんの苦手なトマトとしいたけが出ましたが、「からだにたいせつなんだよね」と言い、残さず全部食べました。	
○月×日	金曜日、造形あそびでペットボトルを使いたいと思います。ご家庭にありましたら、500mlのものを1〜2本程度お持たせくださいますようお願いします。	重要!!
○月□日	つめが少しのびていて、細かいあそびに不自由しそうですので、切ってあげてください。お父さんやお母さんに切ってもらうことは、子どもにとって、とてもうれしいことです。	田中
○月□日	友達にいじめられて泣いて帰ってきて、今朝は行きたくないとダダをこねて大変でした。	
○月◇日	お互いの思いが伝わらなかったようで、悲しい思いをしてしまいましたね。少しようすを見て、子どもたちと話してみることにします。	

連絡帳記入4つの注意点

● "その場でサイン"を心がけて

子どもが登園したら即、連絡帳に目をとおして。「サインは後で」は禁物です。できるだけその場で「返却OK」「預かってじっくり」「主任や園長に要相談」と整理しましょう。保護者は、保育者からのなんらかの指針や対応を求めているのです。"読んだらまずサイン"を習慣づけましょう。

● 誤字・脱字は問題外

連絡帳を書く際、「この字はどうだったかしら？」では困ります。日ごろから、よく使う言葉、間違えそうな漢字をノートなどに記しておくことをおすすめします。「微熱」「特徴」など、日常生活で使う言葉でもいざ書くとなると誤字になることが多いようです。保育室に辞書を常備することも保育者としての常識です。

● 付せんなどの目印で、うっかりミスとはさようなら！

よくあるのが、「今日は早いお迎えだった」や、「ミルクを飲ませてはいけなかった」など、その日のスケジュールの確認や子どもの体調確認のうっかりミス。「私はプロ、忘れない」と自負することは大切ですが、念には念を入れて。付せんなどを活用して注意を促すようにしましょう。

● 友達の連絡帳を持ち帰らせないために！

連絡帳は個人情報が満載です。まちがえられた保護者が、プライバシーの侵害と立腹するのは無理のないこと。まちがえてほかの子の連絡帳を持ち帰った側の保護者にとっても迷惑極まりないことです。そこで、①ノートに各自カバーをつける、②目印のシールをはる、③似顔絵を描く、など子ども自身が点検係になれるようくふうをしてみましょう。

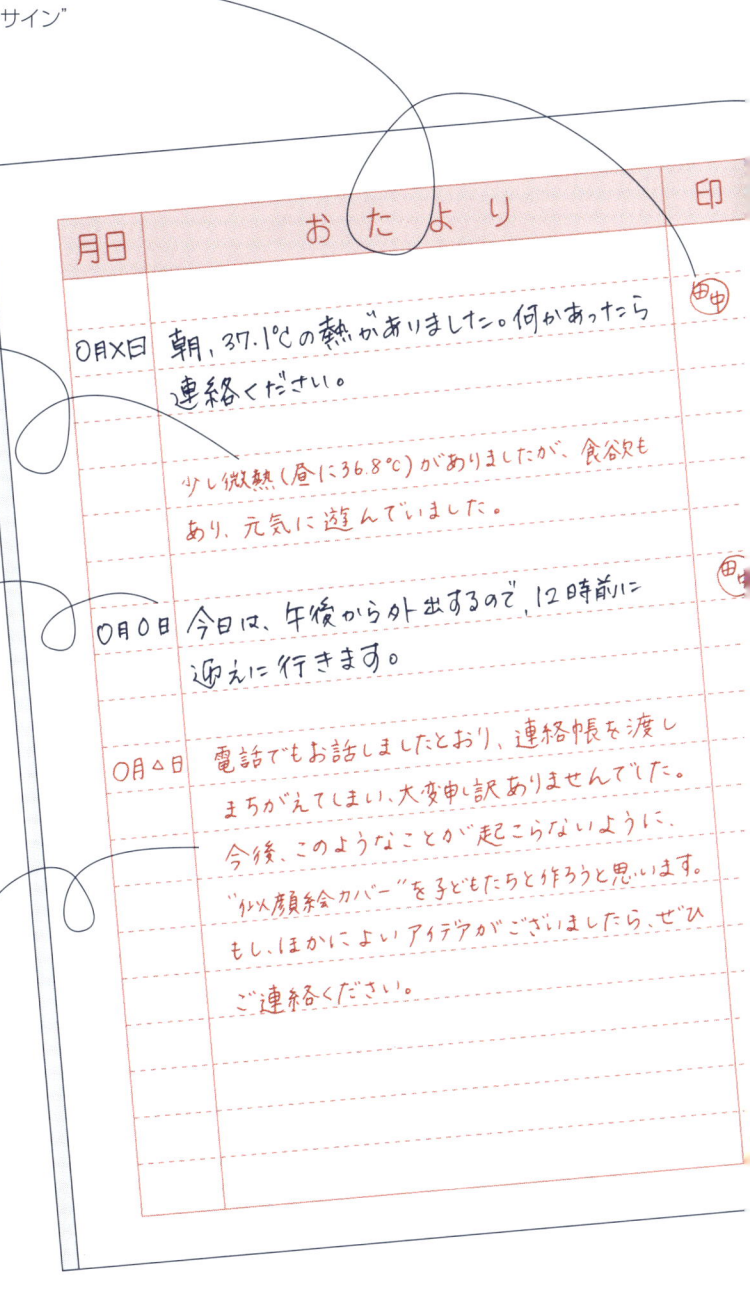

月日	おたより	印
○月×日	朝、37.1℃の熱がありました。何かあったら連絡ください。	田中
	少し微熱（昼に36.8℃）がありましたが、食欲もあり、元気に遊んでいました。	
○月○日	今日は、午後から外出するので、12時前に迎えに行きます。	田中
○月△日	電話でもお話しましたとおり、連絡帳を渡しまちがえてしまい、大変申し訳ありませんでした。今後、このようなことが起こらないように、"似顔絵カバー"を子どもたちと作ろうと思います。もし、ほかによいアイデアがございましたら、ぜひご連絡ください。	

ニコさん＆コマッタさん

Nico
ニコさんの場合
きのう、泣いて帰ってきたようで心配です
あっ そんなことがあったんだ
check!
これは今度の懇談会でしっかり聞いてみないと
きょうは、早いお迎えになります
check!
気をつけなきゃ！忘れないように付せんをはって…
連絡帳って大事！
保護者のかたたち、大切なお子さんの成長を本当に気にされているんだわ
よーし！
保護者の気持ちになって一つ一つ親身に答えよう！
ここは読んでほしいからシールをはって！
話しにくいことも慎重に言葉を選んで、と
お道具箱に名前が書いてありませんでした。お手数ですが名前を書いてお持たせくださいませんでしょうか？
「特徴の…」えーと徴の字はこれでよかった？
パラパラ
誤字脱字防止のため辞書でもチェック
Komatta
コマッタさんの場合
保育って雑務が多くって大変〜！
毎日の連絡帳も苦手なんだな〜
字ヘタだし−
Hah—
○○くん「最近、ひとりあそびが多いようです…」っと
どういうことかしら?!
ズバッ
はい、次—
「お道具箱に名前が書いてありません」っと
あなただって汚い字じゃん！
ムカ
ズバッ
はい終了—
しまった！お帰りの時間だわ
ちゃーん
ぱ ぱ ぱ ぱ ぱ
急いで急いで
はーい
はーい
子どもがまちがえて持って帰っちゃったんですよ
これってどういう意味ですか？うちの子、だいじょうぶですか？
家庭の悩みも書いてあったのに
れっ連絡帳一つでなんでこんなにトラブルになるの!?

連絡帳のマナー セルフチェック

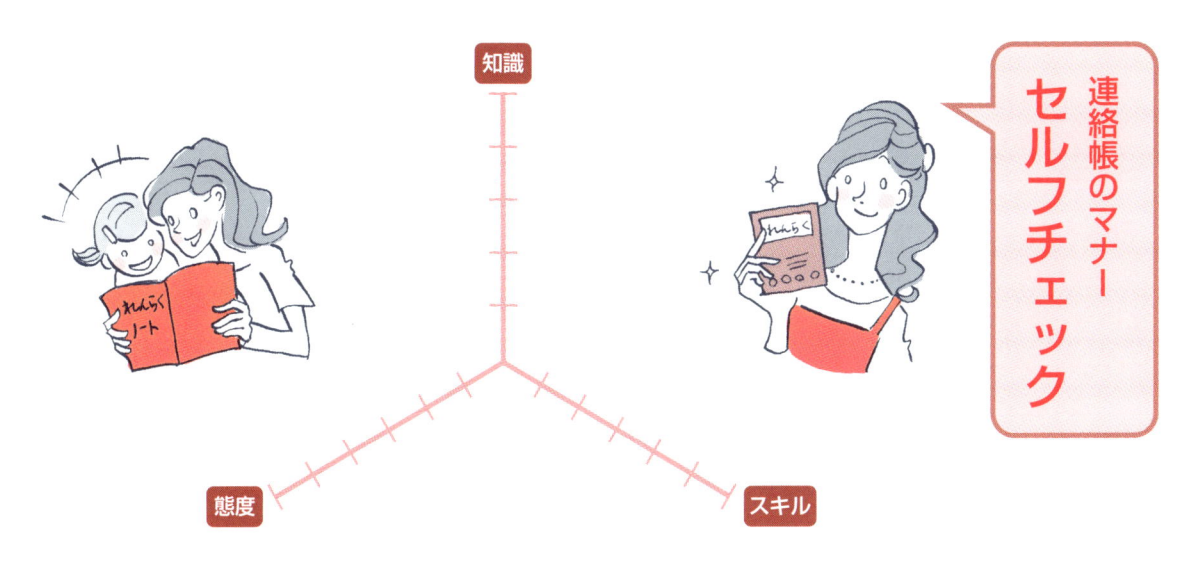

（ダイヤグラム：知識・態度・スキルの3軸）

●下記のチェックシートのカテゴリー別合計を上記のダイヤグラムに記入してください（詳しい使いかたは5ページ）。

知識

項目	よい		普通		努力が必要	合計
連絡帳の意義についてはっきり認識している	2	1	0	-1	-2	
連絡帳に書く内容と直接話したほうがよい内容の基準を持っている	2	1	0	-1	-2	
憶測や不確かな情報を書かないことを心得ている	2	1	0	-1	-2	
電話番号など、個人情報の管理を厳重にしている	2	1	0	-1	-2	
各々の家庭の都合のよい時間帯を把握している	2	1	0	-1	-2	

スキル

項目	よい		普通		努力が必要	合計
難しい問題を伝える際、その話題を先に書くのではなく、子どものいきいきとした姿から始めるなど、くふうしている	2	1	0	-1	-2	
誤字・脱字がないよう心を配っている	2	1	0	-1	-2	
表現は、敬語を使うことを心得ている	2	1	0	-1	-2	
文字は、かい書でていねいに書くことを心得ている	2	1	0	-1	-2	
事務連絡については、簡潔に書くことを心得ている	2	1	0	-1	-2	
保育時間に内容を読み、チェックして返却するまでに必要とする時間を自分で把握している	2	1	0	-1	-2	

態度

項目	よい		普通		努力が必要	合計
保護者の立場にたって連絡帳を書いている	2	1	0	-1	-2	
むやみに専門用語を使わず、だれでもわかる言葉で書くことを心がけている	2	1	0	-1	-2	
即答が難しい場合、連絡帳以外の方法で話す準備ができている	2	1	0	-1	-2	
誠意を持って保護者と交換するよう心がけている	2	1	0	-1	-2	
即答できない内容について、園で相談する人がいる	2	1	0	-1	-2	
連絡帳は、この先ずっと保護者や子どもが読むものであるとの気持ちを持って書いている	2	1	0	-1	-2	

8 園内のスムーズな人間関係のために

休むとほかの人に迷惑がかかるから多少無理をしてでも出勤するべき？
→55ページへ

園のボールペンくらいならうっかり持ち帰っても問題ないよね？
→56ページへ

長電話でなければ園の電話を使ってもいいの？
→56ページへ

出勤時間を守ることや遅刻の連絡などをきちんとすることは、ごく当たり前の常識的なマナー。気のゆるみや惰性から、おろそかになっていませんか？

社会のルール、常識を自覚し、守っている？

子どもの尊い命を預かり、人間形成の基礎を育む責任を負う保育者は、毎日の生活における社会のルールを自覚することと、それを保育でも実践できることが求められています。

また、チーム・ティーチングなどで、ますます重要性を増しているのが保育者間の相互協力。喜びや苦労を分かち合ったり、支え合ったりという保育者同士の協力は、子どもの協調性も育みます。相互協力につながるスムーズな人間関係を園内で形成する基礎となるのは、なんといっても保育者一人ひとりの生活態度です。社会のルールを自覚し、守っていくことは、プロの保育者に必要不可欠な要素です。

ここでは、園内でスムーズな人間関係を築くための、社会のルールと職業人としてのモラルについて考えてみましょう。

> 勤務態度

● 出勤

新任時は、とかく緊張から早めの出勤を心がけるのですが、3年も過ぎると…。毎日ギリギリなんてことにならないよう、「早起きは三文の徳」と前向きな生活を心がけて。朝の保育室の空気の入れ替え、花の手入れなど快適な環境づくりも、早めの出勤が大前提です。

● 欠勤

「子どもに心配をかけたくない」「休んだらほかの先生がたに迷惑をかける」という気持ちは保育者だれもが持たなければならないものです。しかし、体の不調を隠しフラフラしながらの保育は、子どもにも周りの人にもよくありません。自分本位ではなく、何を優先するかを考えて休養することも必要です。その際も、見通しを報告します。連絡事項はきちんと申し送りを。

● 早退

「実は…」と、仕事が始まってから言いだされるのは、仕事に差し支えるばかりかその場の雰囲気も悪化します。朝の出勤時や職員の朝の会で、きちんと伝えましょう。新任時は、なかなか言い出しにくい場合もありますが、まず先輩や主任に伝えて指導を仰ぎましょう。

● 遅刻

万が一遅刻しそうな場合は、気がついた時点で園に連絡を。あわてず、どのくらいの遅刻なのか見通しを伝えます。電話は、伝える内容をあらかじめ整理してから。聞かれてから、「えーっと」という対応は禁物です。

● 休暇

あらかじめわかっている場合と、急な場合とがあります。平日、身内の冠婚葬祭で休む際は、同僚に対して「ありがとう」の気持ちを忘れずに。また、送り出す側も「おたがいさま」の気持ちを持ちたいものです。連絡先はきちんと園長や主任に伝えておいて。病気療養などで長期の休養が必要な際は、言い出しにくいかもしれませんが、「保育はチーム・ワーク」という意識を持ってきちんと話しましょう。保育者全員に伝えにくいなら、まずは園長に相談することが大切です。

● 休園日

「インフルエンザで閉園」「雪で休園」。さあ、どうしますか。「やったあ！ お休みでトクしちゃった」と思うのは、学生気分から卒業していない証拠。休みは子どもに対する措置であり、保育者に対してではありません。まずは、どんなときでも出勤する姿勢を。天気予報や社会の事象にアンテナをはっておくことも大切です。

公私の区別をわきまえる

園から私用の電話をかけたり、園のボールペンを借りたままにしてしまったり…。「ついついやってしまう」というかたもいるのではないでしょうか。公私の区別のマナーを身につけてスマートな生活を心がけましょう。

●私用電話は社会人としてマナー違反

まずは、私用電話を園でかけないという心がけを。電話が園に一台のところもありますから、急用の場合は断ってから手短に済ませるようにしましょう。携帯電話を保育室に持っていってかけるというのはもってのほか。どうしてもかけなくてはならないときは「お借りします」と言い合える、開かれた職員関係づくりをふだんから心がけたいですね。園によっては箱を置いて電話代を徴収し、クリスマスの献金や募金にあてるところもあります。

●「ついうっかり」でも、備品の持ち帰りは禁物

ボールペンなどの筆記用具、紙などの製作材料、本や資料など、うっかり家に持って帰ってそのままということがありませんか。厳密に言えば、公用の品を持ち帰ることは横領になる可能性もあります。万が一、持ち帰ってしまったらその旨を表明して返す、という意識を持ち、常に心がける雰囲気づくりをしましょう。もちろん、その通り実行するのがプロのマナーです。

●園のPCでネット通販なんてNG

最近、事務整理などでパソコンを使用する際、インターネットで個人的なチャットや通販の申し込みをすることが目につくようになりました。「備品の購入のついでに…」ということのようですが「見られてなければ」「便利だから」へとモラルの低下につながらないように、くれぐれも公私の区別を留意しましょう。

●ついつい…も×私物のコピー

私物のコピーも、ついついやってしまうことはありませんか。確かに、ちょっとだけコピーを、という状況が生じる場合もあるでしょう。電話と同様に、箱などを設けて公私の区別をつけるのも一案です。とはいっても、私物のコピーは禁物、があくまでも大前提です。

●「休日は私らしく」にご用心

「休みの日は私らしく！」と、ふだんより華美な服装やお化粧をして出かけがちですが、そのような格好をして園児や保護者が集まりそうな場所に行くのは考えもの。また、娯楽施設やスポーツ観戦などの楽しいデートも、自分が気づかないうちに見られ、噂になって苦しい思い出に…なんてことも。デートをしないということではなく、TPOを考えて賢い休日の過ごしかたをしましょう。喫煙についても一考を。

👧 職員での会合はどう対応する？

職員旅行や食事会などへの参加は、どこまでが公人としての務めか、境界線を引きにくいものですが、"ドタキャン"は社会人として失格です。否定的な人は、どうしてこうした会が企画されているのか、企画者側の立場にたって考えてみましょう。逆に、ベテランになると「当たり前」と強制する口調になることもあるようです。新任の保育者が役目を持てるような機会を考えてみては。飲み過ぎや、羽目を外したモラル・ハラスメントにも注意しましょう。

ニコさん&コマッタさん

ニコさんの場合

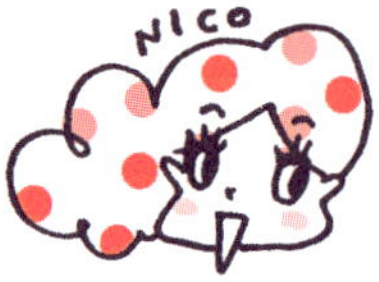

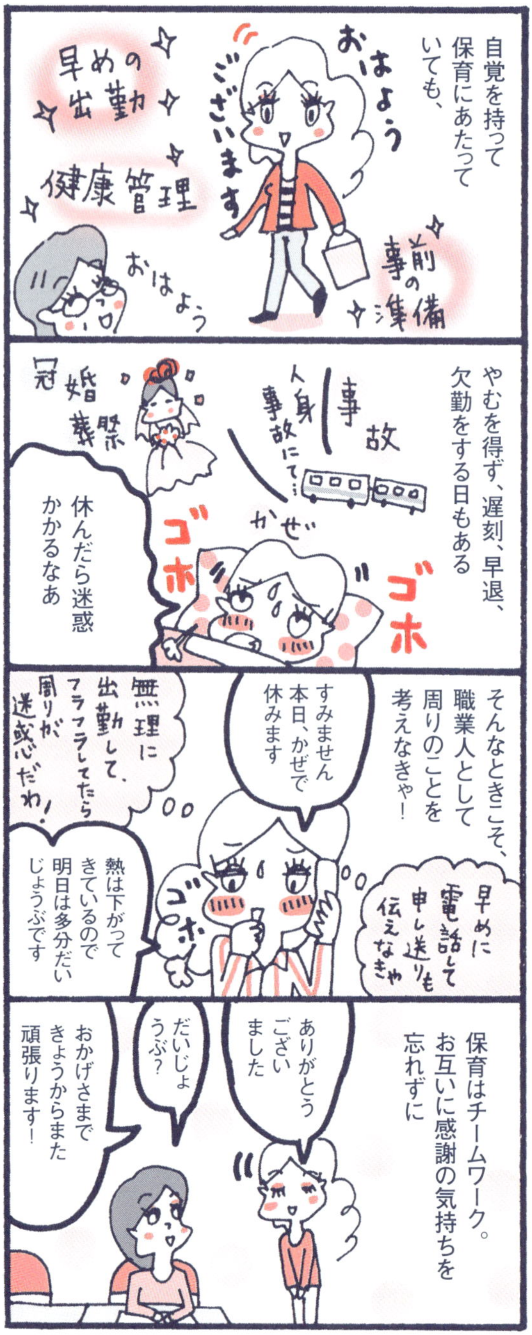

コマッタさんの場合

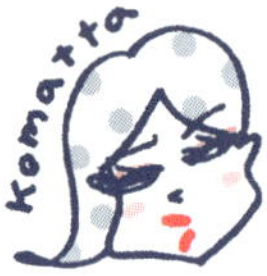

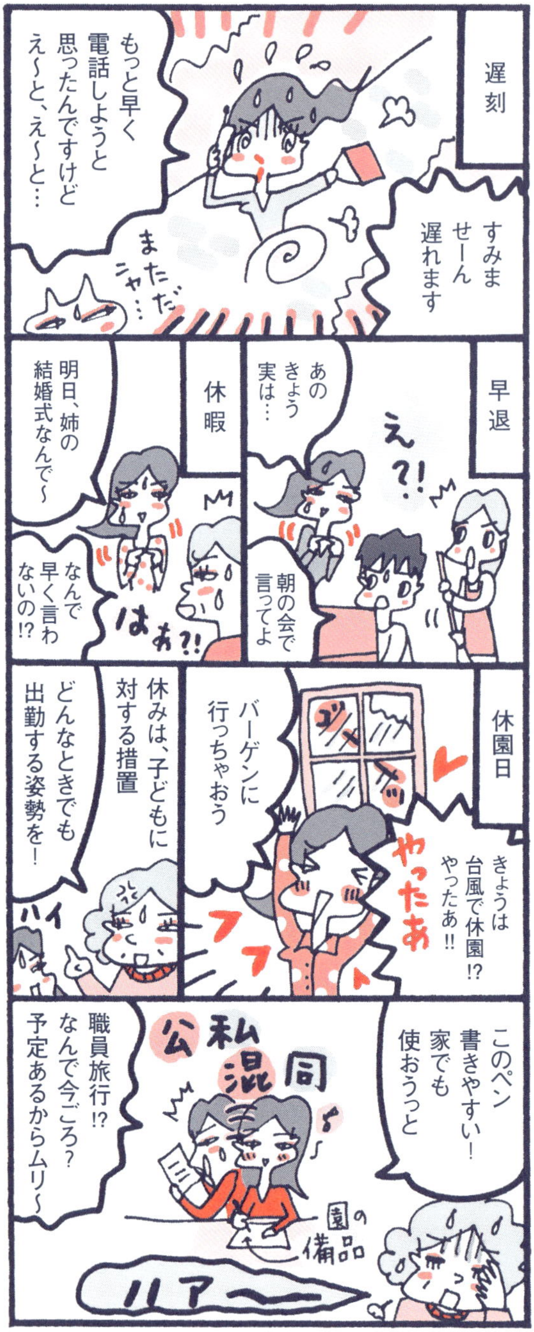

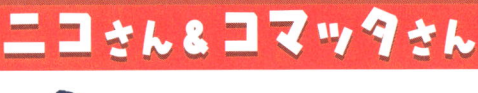

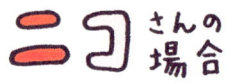

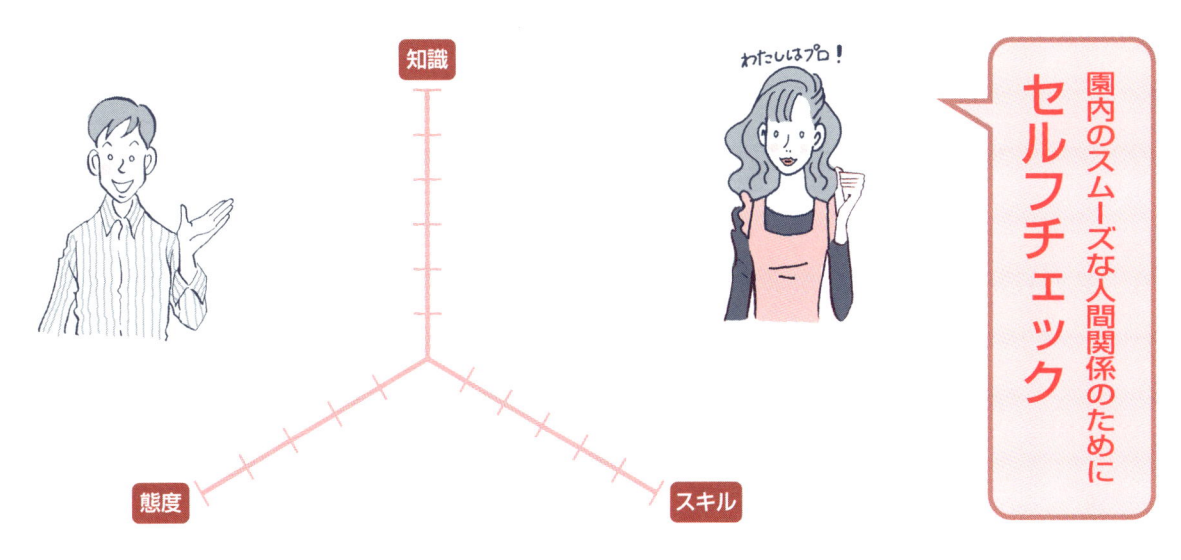

園内のスムーズな人間関係のために セルフチェック

わたしはプロ！

            知識
             |
             |
             |
       態度 ——— スキル

● 下記のチェックシートのカテゴリー別合計を上記のダイヤグラムに記入してください（詳しい使いかたは5ページ）。

		よい　　普通　　努力が必要	合計
知識	園の勤務規定があることを知っている	2　1　0　-1　-2	
	園の勤務規定の内容を知っている	2　1　0　-1　-2	
	公人の位置づけを自分の言葉で説明できる	2　1　0　-1　-2	
	私人の位置づけを自分の言葉で説明できる	2　1　0　-1　-2	
	備品の取り扱いについて、園で共通理解がある	2　1　0　-1　-2	
	職員旅行など行事の主旨を理解している	2　1　0　-1　-2	

		よい　　普通　　努力が必要	合計
スキル	出勤・退勤のあいさつがきちんとできる	2　1　0　-1　-2	
	早退や休暇を申し出るべきタイミングを身につけている	2　1　0　-1　-2	
	園内の備品の貸し借りについてきちんと申し出ることができる	2　1　0　-1　-2	
	休日に保護者とバッタリ会った際のふるまいを身につけている	2　1　0　-1　-2	
	職員旅行などでのふるまいを心得ている	2　1　0　-1　-2	
	職員間の娯楽における自分の役割を身につけている	2　1　0　-1　-2	

		よい　　普通　　努力が必要	合計
態度	社会人（プロ）としての自覚がある	2　1　0　-1　-2	
	休日も、ときにはプロとして見られることを自覚している	2　1　0　-1　-2	
	保育者のふるまいが社会貢献に関与している自覚がある	2　1　0　-1　-2	
	公私の区別をきちんとする配慮をしている	2　1　0　-1　-2	
	感謝の気持ちを持って仕事に携わっている	2　1　0　-1　-2	

9 入院見舞いのマナー

入院は、子どもにも保護者にも、そして保育者にとってもつらいできごと。いざというとき、あわてずに対応できるように、子どもと保護者の心に寄り添える対応をマスターしましょう。

- お見舞いの品は子どもが好きな食べものがいいよね？ → 61ページへ
- お見舞い以外にどんなことができるの？ → 61ページへ
- お見舞いに行くタイミングは？ → 61ページへ

不安と苦痛を和らげる心の太陽になりましょう

入院は、子どもはもちろんのこと、家族にとっても気が沈むできごと。保育者にとってもつらい知らせです。検査、注射、投薬、手術など、想像がつかないことばかりが重なるのですから、不安と苦痛を覚えるのは当然のことでしょう。ましてや、自宅を離れる子どもにとっては、心の不安ははかり知れません。ただし、家族や保育者が嘆き悲しみ心配することで、子どもの状況が回復するわけではありません。ここでは、子どもが希望を抱けるように、保育者が〝心の太陽〟となるための子どもや保護者に対するマナーをご紹介します。

また、お見舞いの後のフォローアップは、とても大切。保護者との連絡は密にとりましょう。なるべく毎日、ほんの少しでも連絡事項を伝えたり、「こんにちは、いかがですか？」とコミュニケーションをとったりすることを忘れずに。このような行動によって、子どもと保護者の心の太陽は、明るく輝くのです。

連絡を受けたら

入院の連絡を受けた際の心的なケアと事務的な対応について、医師・神津仁先生（神津内科クリニック）が診療にあたり心がけている3つのA（明るく・あせらず・あきらめない）を参考にしましょう。

● **明るく** Akaruku

大げさな励ましではなく、親切快活をモットーに、笑顔で応対しましょう。硬い表情や声の調子は、保護者を不安で暗い気持ちにするので要注意。

● **あせらず** Aserazu

あたふたした過剰な反応は、保護者の気持ちを刺激するだけ。ゆったりとした気持ちと声を心がけて。事態を冷静に捉えて子どもにも安心感を抱かせる対応をしましょう。

● **あきらめない** Akiramenai

骨折や軽いケガであれば退院の見通しがつきやすいですが、病気入院は悲観的になりがち。保護者の心に寄り添いながら、前向きに接しましょう。

確認するポイント

◎ 病状・病名　　◎ 入院日数、回復の見込みについての予想
◎ 病院名・所在地・連絡先・面会時間
◎ 病院へお見舞いに行ってもよいか、またその時間帯についての確認
◎「園の活動をできるだけ報告・連絡する」とないがしろにしないことを表明
◎ クラスの保護者や子どもに話してよいかどうかを確認

お見舞いのTPO

● **早い時期に見舞って**

保護者の承諾を得たら、早い時期に見舞うことが大切。症状、病室の雰囲気、病院のルールを把握しましょう。次回は短期間入院は3日後くらい、長期間入院は5日～1週間後が適当です。検診や食事時間に重ならないように注意を。保護者によっては、医者に会ってほしい、子どもが注射を受けたり食べたりできるよう、励ましてほしいという場合もあります。コミュニケーションを密にとり、きめ細かな対応を心がけましょう。

● **大勢での見舞いはNG**

お見舞いでは、質素な身なりが基本ですが、黒や濃いグレーといった暗いイメージを抱かせる服装も禁物です。アクセサリーや香水にも配慮を。子どもや保護者を励まそうと大勢で見舞うのはNG。まずは、担任とほぼ担任で。長期化する場合は、園長または主任とかのクラスの先生が順番でペアになって訪れましょう。

● **お見舞いの品にも配慮を**

● **花**
入院と聞くとまず思い浮かべるものですが、症状や病室によっては禁止のところもあるので注意を。

● **食べもの**
症状によっては受けつけられないことも。ざっくばらんに保護者に聞きましょう。

● **寄せ書き・ビデオレター**
園の保育者やクラスの子どもからの寄せ書きや色紙はうれしいもの。ビデオレターや写真をファイルしたものも喜ばれます。やはり、病院の状況や子どもの症状を確かめてから。

● **絵本・ぬいぐるみ　おりがみ・ぬりえ・パズル**
病室においてある状況を観察してから。子どもの好きなものは何かしら、と考えて通り一遍にならないくふうを。

ニコさん&コマッタさん
Komatta
コマッタさんの場合
Nico
ニコさんの場合
え!? S男くんが交通事故で入院!?
ええ!? いつ? どこでですか!?
あたふた
どーしよう えーと えーと…
余計に不安…
どうして?
で、入院10日後
すみません 忙しくって遅くなってしまって…
ゴメン
お見舞いのケーキよ
cake
ケーキはアレルギーで食べられないのを忘れてるのね…
もう明日退院なんだよね～
真っ黒のスーツ
あのっ
そういえば明後日はお泊まり保育だった!
あ…
ぼくも行きたい 行きたい!
だって… そんなに早く退院だなんて思わなくて…
なんで早く教えてくれないんですか?
お医者さんにも聞かないと…
おしらせ
えんだより
あせらず
どんな状態ですか?
病院の面会時間は?
園の活動をできるだけ報告しますから安心してください
ハイ
確認!
あかるく
まずは、園長と担任でお見舞いを
もうどうせサッカーできないんだ!!
だいじょうぶだよ!
これ、園の行事予定です
本当にありがとうございます
あきらめない
お見舞いのビデオレター
ほら みんなも応援してるよ
元気になってね
サッカーやろうな
うん
ハイ

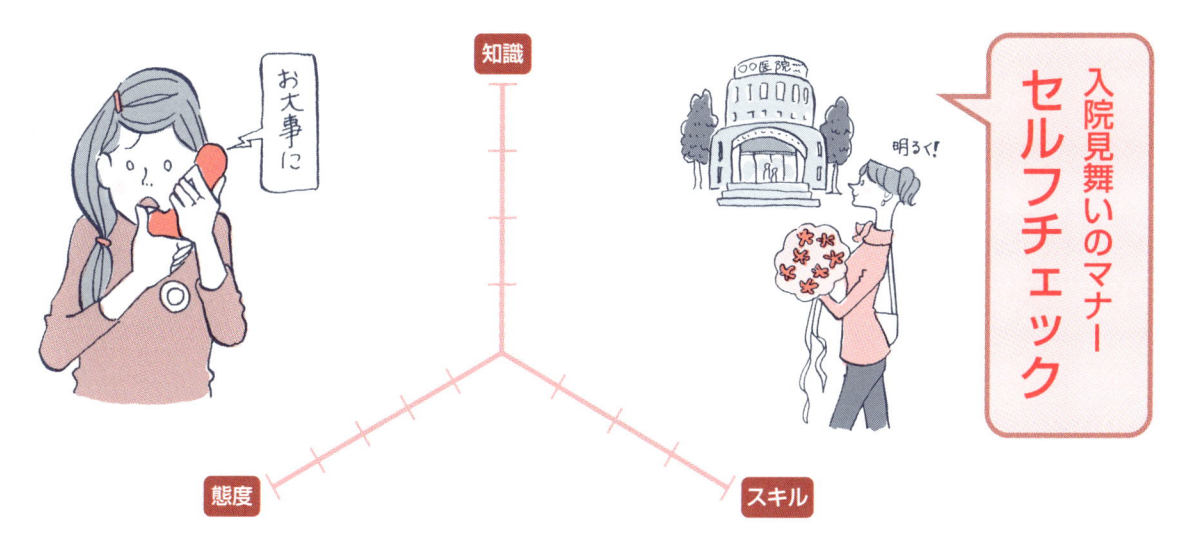

入院見舞いのマナー セルフチェック

●下記のチェックシートのカテゴリー別合計を上記のダイヤグラムに記入してください（詳しい使いかたは5ページ）。

		よい／普通／努力が必要	合計
知識	入院の連絡を受けたときの事務的な対応を心得ている	2　1　0　-1　-2	
	入院の連絡を受けたときの心のケア面での対応を心得ている	2　1　0　-1　-2	
	入院児に対する園内でのルールや手続きを理解している	2　1　0　-1　-2	
	入院見舞いのTPOを把握している	2　1　0　-1　-2	
スキル	連絡を受けたときの声の出しかたや表情を身につけている	2　1　0　-1　-2	
	連絡を受けたときの保護者に向ける表情を心得ている	2　1　0　-1　-2	
	連絡を受けたときの事務的な対応が身についている	2　1　0　-1　-2	
	立つ姿勢、表情・言葉づかいなど、お見舞いのときのふるまいが身についている	2　1　0　-1　-2	
態度	"明るく"を心がまえとしている	2　1　0　-1　-2	
	"あせらず"を心がまえとしてる	2　1　0　-1　-2	
	"あきらめない"を心がまえとしている	2　1　0　-1　-2	
	子どもの視点に立とうと留意している	2　1　0　-1　-2	
	保護者の立場に立ってかかわろうとしている	2　1　0　-1　-2	

10 掃除のマナー

清潔で整とんされた保育室は、子どもたちとの活動も楽しくでき、心地よく過ごせます。まず、保育室をじっくりと観察。掃除のコツを身につけて、快適な生活空間をつくっていきましょう。

- 掃除や片づけは苦手。何から始めたらいい？ → 65ページへ
- 掃除の基本 意外と知らないかも… → 66ページへ
- 保育室のなかでつい見落しがちなポイントを教えて！ → 67ページへ

保育室の環境保健に配慮するのも保育者の役割

環境構成者としての保育者が忘れてはならないことは、環境保健への配慮です。保育所保育指針には、保育の場は「採光、換気、保温、清潔など環境保健の向上に努め、(中略)子どもにとって家庭的な親しみとくつろぎの場となるとともに、いきいきと活動ができる場」であると示されています。

これは、園に限らず、どの保育の場においても大切なことです。清潔で、快適に過ごせる生活空間をつくり出し保つ掃除は、保育者のマナーとして欠かせません。

掃除は終わったあと、「気持ちいい」という爽快感と達成感を味わうことが大切。保育生活空間が心地よいと思えるよう、掃除をデザインすることも保育者としてのマナーである、と心に抱いて、明日からの掃除に取りかかりましょう。

64

> 掃除のステップ

●保育室への愛着を持って

「片づけをなかなかしない」と子どものようすを嘆く声が、保育現場から聞こえてくることがあります。原因は、あそびの内容や充実度、時間配分、子どもの人間関係などが考えられますが、保育者の姿はどうでしょうか?「お片づけ!」の声だけが響き渡り、実際に体を動かしていなかったり、子どもとかかわることなく、さっさと片づけてしまったりしていませんか。保育室に対して愛着を持ち、美しく居心地のよい生活の場づくりとして、掃除を捉えているかどうかが、子どもの生活のありかたにも関係してきます。

「きれいになると、気持ちよくなるね」と子どもと分かちあえると、保育室に対して愛着心が持て、掃除への意識も高まることでしょう。

きれいになると気持ちいいね

どこからが始めたらよいのか困ったとき、以下のステップに従って体を動かしてみましょう。

①換気

まずは、空気の入れ替え。保育室のにおいだけではなく、保育室に対する気持ちの転換も図れます。大きく息ができると、心にも余裕がでます。

②整とん

保育空間を「見せたい所」「見えてもよい所」「見せたくない所」「見えない所」と、チェックして整理すると、何が大切なのかが明らかに! 動かしたり捨てたり、リサイクルしたりして整とんするのも掃除です。

見せたい所	壁面、子どもたちの製作物、観察台の上、絵本の棚、大型積み木、机やいすの位置
見えてもよい所	ピアノの上、子ども用のロッカーや棚の上
見せたくない所	道具・材料置場、物置
見えない所	棚の裏側、ピアノの後ろ、道具箱・くつ箱の中

③掃除

「毎日欠かさず行う所」「週に一度」「月に一度」といった掃除のサイクルを考えましょう。同時に「子どもといっしょにできる」「保育者とできること」「保育者にお願いしつついっしょにできること」「自分ひとりではたいへん!」とパニックに陥りません。

④仕上げ

タオルを換える、花瓶や絵を添えるといった模様替えや、インテリアのコーディネートまでを掃除として考え、実行することで、保育空間や生活の場を、トータルデザインする楽しさや喜びが持てるようになります。

子どもといっしょにできること
① 遊具の片づけ
② 昼食後の片づけ
③ いすや机の整とん
④ 飼育カゴの掃除
⑤ 毎日の床掃除、水槽の水換え

保護者といっしょにできること
園内の大掃除、大型遊具の移動など

道具の扱いかたと掃除テクニック

● ほうきは先を使い、ごみを押し出すように

ほうきは、先を使うようにして、ごみを押し出すように優しく掃く。保育室の隅からゆっくり掃き、一か所にごみを集めてから、ていねいにちりとりでとります。

先を使ってごみを押し出すように
ていねいにちりとりでとる

● モップは柄を倒さずに

モップは、一歩一歩ゆっくりと、柄を倒さないようにしてかけるのがポイントです。

● ぞうきんの絞りかた

縦絞り — 縦に持って内側に回す
横絞り — 横に持って反対側に回す

● 新聞紙で窓拭き＆拭き掃除

拭き掃除で重宝するのが新聞紙。少し湿らせてから窓拭きや玄関の掃き掃除に使いましょう。

● 歯ブラシを活用！

洗面所の排水口や中詮、壁際の家具の隅にたまったほこりに、歯ブラシが大活躍します。ただし、子どもの目の前で行うと、自分の使っている歯ブラシで掃除を始めてしまうことも。TPOをわきまえて。

● トイレ掃除は毎日！

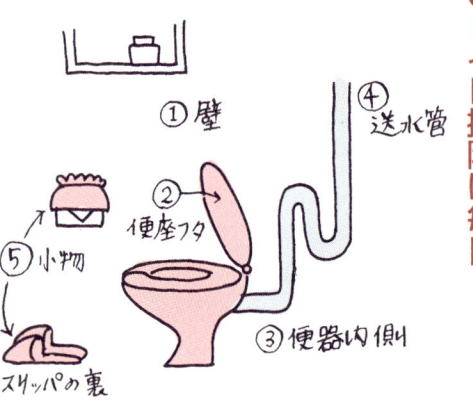

一日怠るといやになりがちなのが、トイレの掃除。壁→便座フタ→便器の内側→送水管→ペーパーホルダーやスリッパの裏などの小物、という順序を体得して行いましょう。

①壁
②便座フタ
③便器内側
④送水管
⑤小物
スリッパの裏

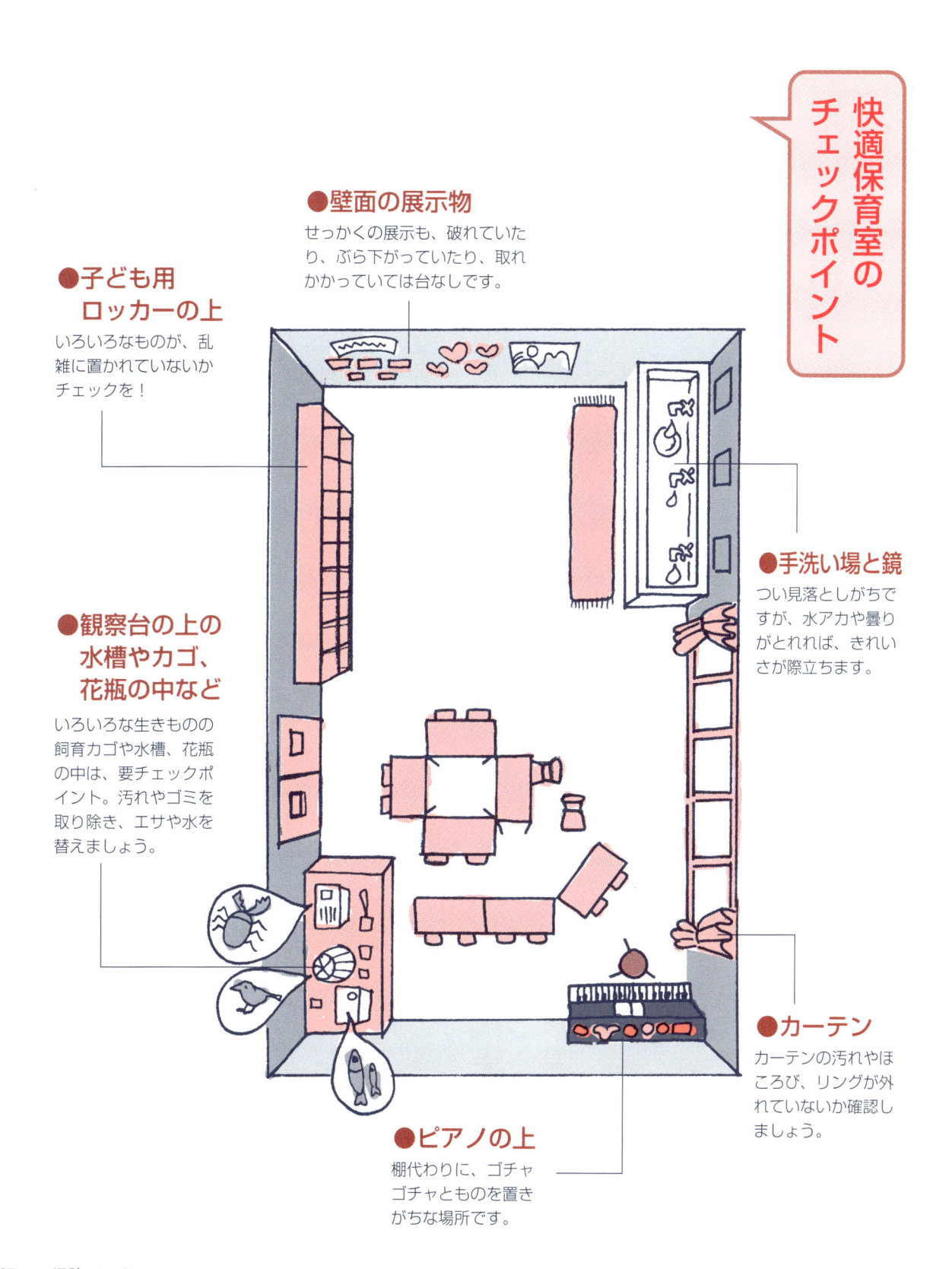

快適保育室のチェックポイント

●**壁面の展示物**
せっかくの展示も、破れていたり、ぶら下がっていたり、取れかかっていては台なしです。

●**子ども用ロッカーの上**
いろいろなものが、乱雑に置かれていないかチェックを！

●**観察台の上の水槽やカゴ、花瓶の中など**
いろいろな生きものの飼育カゴや水槽、花瓶の中は、要チェックポイント。汚れやゴミを取り除き、エサや水を替えましょう。

●**手洗い場と鏡**
つい見落としがちですが、水アカや曇りがとれれば、きれいさが際立ちます。

●**カーテン**
カーテンの汚れやほころび、リングが外れていないか確認しましょう。

●**ピアノの上**
棚代わりに、ゴチャゴチャとものを置きがちな場所です。

ニコさん＆コマッタさん

コマッタさんの場合

片づけの時間
さぁー お片づけよ～
お片づけ！
ぱん ぱん
はーい

掃除の時間
もう、ちっとも片づかないんだから！
適当にしまっちゃえ
めんどくさいなー
ばっ ばっ

とりあえずここに置いといて…
もうー拭き掃除って苦手
ポロ ドタバタ ガシャン
あっ
ぞうきんが足りない！

コマッタさん宅
あーっ疲れた～
あんた、たまには片づけたら!?
わかってるわよ～
ごちゃごちゃ

ニコさんの場合

さぁー掃除しましょう！
まずは空気の入れ替えから
う～ん いい気持ち♪
ガラガラガラ

じゃあまずは片づけをして…
終わったら拭き掃除
ピアノの移動は今度の保護者会の後にお願いしよう
よし！
キレーイ
お花を飾って…
テキパキ テキパキ

次の日
気持ちいい～
ピカピカだね～
きれいだと気持ちいいね！
ピカ ピカ

保育室がきれいだと子どもたちも毎日来るのが楽しみみたいです！
あとは…
大掃除のときは鏡をみんなでふいて…
いつ見てもニコ先生の机の上ってキチンとしてますね

68

掃除のマナー **セルフチェック**

まずはどこから？

整理整とん。

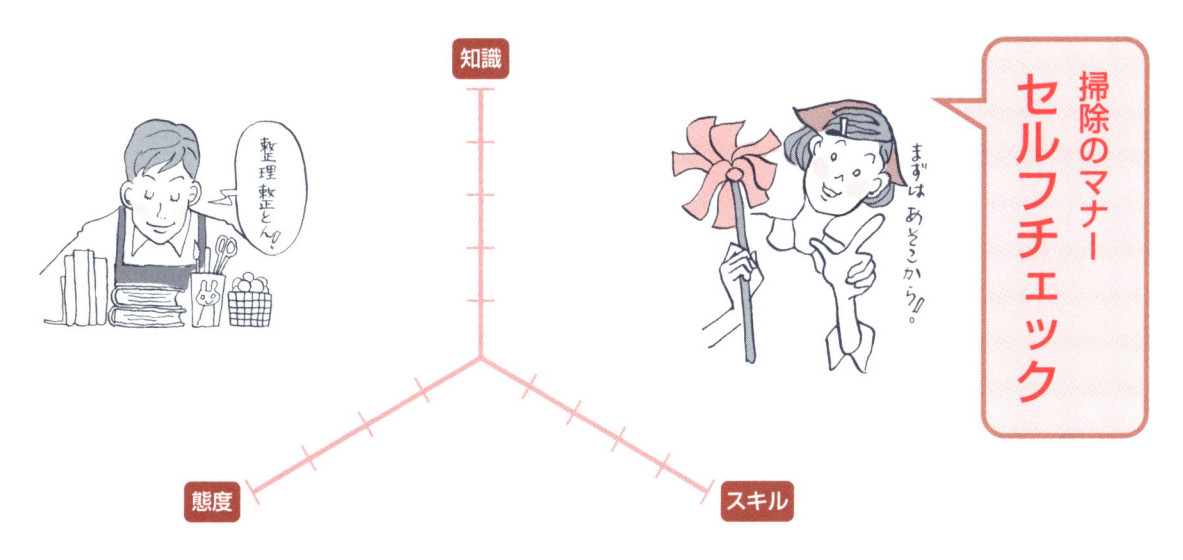

知識

態度　スキル

●下記のチェックシートのカテゴリー別合計を上記のダイヤグラムに記入してください（詳しい使いかたは5ページ）。

		よい　　　普通　　　努力が必要	合計
知識	もっとも掃除の必要がある場所を把握している	2　1　0　-1　-2	
	掃除のチェックポイントをあげられる	2　1　0　-1　-2	
	掃除の順番を頭に描くことができる	2　1　0　-1　-2	
	掃除に必要な道具とその用法について理解している	2　1　0　-1　-2	
	掃除に使える・使えない薬品や洗剤を把握している	2　1　0　-1　-2	

		よい　　　普通　　　努力が必要	合計
スキル	掃くスキルが身についている	2　1　0　-1　-2	
	拭くスキルが身についている	2　1　0　-1　-2	
	磨くスキルが身についている	2　1　0　-1　-2	
	ぞうきんの絞りかたが身についている	2　1　0　-1　-2	
	整理整とんの方法が身についている	2　1　0　-1　-2	

		よい　　　普通　　　努力が必要	合計
態度	自分が子どもと生活する場として、保育室に愛着を持っている	2　1　0　-1　-2	
	キレイにしたいという気持ちをもって、掃除や洗濯にあたっている	2　1　0　-1　-2	
	快適な生活空間づくりに喜びを感じている	2　1　0　-1　-2	
	掃除のしかたがわからないときには、謙虚に先輩や同僚に聞ける	2　1　0　-1　-2	

11 保護者からの贈りもの

感謝やねぎらいの気持ちを込めた贈りものでも、贈り主が保護者だと、いろいろな問題が発生します。礼を失せず、今後の関係にも配慮しながら対応できるようにしましょう。

せっかくの好意なのだから受け取ってもいいわよね？
71ページへ

知らずに受け取ってしまったお歳暮はどうしたらいい？
73ページへ

「昨年度の先生は受け取ってくれたのに」と言われたら？
72ページへ

感謝の意を表す贈りもの 贈りもの文化について学ぶ

お中元やお歳暮を始め、日本には贈答の文化があります。いつもお世話になっている人に感謝の気持ちを表したい、と贈りものを考えることもあるでしょう。しかし、保育者という立場上、贈りものに関しては、あれこれと迷ったり悩んだりすることも多いのではないでしょうか？

贈りものは、コミュニケーションの手段であり、人間関係の潤滑油です。贈る人の心を大切にする謙虚さと、凛としたプロとしての態度を忘れずに。バランス感覚を身につけた、賢い保育者をめざしましょう。

> 贈りものに対する基本姿勢

● 保護者からの贈りものは受けとらない

公立園の保育者に対する贈りもの（心づけ）は、法律により禁止という鉄則があります。これは、基本中の基本です。また、私立園の保育者についても、公正さを欠くということから、贈りものは受け取らないとしている園が多いようです。

でも、「しかし…」と思ってしまうのが、現実ではありませんか？ 保護者が感謝やお礼、ねぎらいといった気持ちを込めて贈りものをしたいというのは、すなおな善意の表れでしょう。それを拒むというのは、保育者としてあまりにも冷酷過ぎる、と気持ちが揺らぐかもしれません。受け取る側として、「〇か×か」と機械的に境界線を引くことの難しさを乗り越えるためにも、次ページからのポイントを確認しておきましょう。

保護者の言い分&誤解

● 子どもの大好きな先生だから、素直にその気持ちを表したいだけなのに…。

● いろいろな悩みの相談にものってもらったお礼でもダメ？

● みんな贈っているようだし、うちだけ何もしないのは、保育に影響するのでは？

贈答について
保護者と相互理解を

●園の贈答文化を知り、保護者にも伝える

贈答に対する姿勢は、園によって異なるのが現実です。価値基準、慣習といった"園の贈答文化"を保育者として知っておきましょう。個人の思い込みや勝手な判断で決めてしまわないことが大原則です。

そして園の贈答文化は、保護者にも知らせておくことが大切。これをおろそかにすると、「昨年度の担任は受け取ってくれたのにどうして?」と、保護者を戸惑わせ、不安感を持たせることになりかねません。贈りものを手渡そうとする保護者がいても、受け取らない意を改めて伝えましょう。

園内ならびに保護者との風通しのよい関係づくりを心がけ、園の贈答文化を知り合うことに努めましょう。

> 去年の担任は受け取ってくださったのに
>
> スミマセン…

●異文化を理解し、園文化を伝える

日本では、お中元、お歳暮と、贈りものをする時期がある程度決まっています。しかし、民族や国という大きな文化によって、贈りものに対する考えは異なります。

例えば、時期を限定しないで贈答する人々や、日本以上に贈答品にお金をかける人々、お金で買ったものよりも手作りの料理や作物を贈るのが慣習となっている人々、個人ではなく仲間といっしょに贈答するのが慣習となっている人々、フォーマルな関係といっしょに食べものの贈答はしない人々、贈答のお返しは一切しない人々などさまざまな贈答文化があります。

世界中のすべての贈答文化を知ることは不可能です。さまざまな贈答文化があることや、「お気持ちだけいただきます」ということが通じない文化があることなどを心に留めて、園の方針をていねいに説明し、理解を求めることが大切です。

いろんな国、いろんな習慣

72

もしも、受け取ってしまったら・・・？

●返却も含め、対応を速やかに

園で受け取らない態度を表明しているのに、自宅に送付されてきてしまったら、まずは勇気を持って園長や主任に相談しましょう。ときには毅然とした態度で受け取れないと伝え、返却することが求められます。それでも、受け取ってしまったものは返却できない、または保護者との信頼関係が築かれていない場合は、困っているということを正直に手紙に書いて送るか、受け取ったものと同額もしくは少し上乗せした額のお返しを送り、その際、「今後はお気づかいなく」とのあいさつ状を同封するなど、意思表示をしましょう。

●手紙での断りかた

① 「困る」ということを正直に書く
② 受け取ったものと同額か少し上乗せしたお返しを送る
③ 「今後はお気づかいなく」とあいさつ状を同封する

〈文例〉

> 拝啓
>   このたびは、ごていねいなお心づかいをいただき、お中元（お歳暮）のお品をお届けいただきまして、ありがとうございました。
>   ありがたいお心づかいではございますが、これまで園といたしまして、ご贈答品は、公私共々すべてお断りしてまいりました。勝手な言い分ではございますが、ご理解いただければ幸いです。お気持ちだけ十分に頂戴し、お届けいただきましたお品は、本日、別便にてご返送申し上げます。何卒あしからず、ご了承の上お受け取りくださいますようお願い申し上げます。
>   まずは、急ぎお礼方々お詫びまで申し上げます。
>   敬具

●口頭での断りかた

① まずはお礼を
「先日は、ごていねいなお心づかいをいただきまして、ありがとうございます」

② お断り
「せっかくのお心づかいですが、園の方針で、どなた様からもご贈答品をいただかないことになっておりますので、本日ご返送申し上げました」

③ もう一度お礼を
「お気持ちだけをありがたく感謝して頂戴したいと存じます。本当にありがとうございました」

ニコさん&コマッタさん

ニコさんの場合

保育者として「園の贈答文化」を知り、保護者に伝えることはとても大切。

保護者からの贈りものを受け取ることは固く禁止されておりますので…

えんだより

それでもあれだけ伝えていても送ってくるかたがいて…

あらまあ

じょうずにお断りしましょうね

このたびはごていねいなお心づかいをいただき…

こちらこそすいません

本当にありがとうございました

お会いしたときもていねいに

いえいえ

失礼しました

後日

ありがとうございました

よかったですね！

おかげさまで無事にご理解いただけました

ホッ

コマッタさんの場合

保護者のかたからお歳暮、たくさんいただいちゃって〜

信頼されてるのかしら〜？

えへへ〜

!!!

保護者からの贈りものは受け取ってはならないのですよ!!

公立の場合は法律違反！

コラー

そうなんですか⁉ すぐ、返します

しかし

ちょっとくらいいいじゃありませんか〜

○○ちゃん家からは受け取ったって聞きました。なんでうちはだめなの？

えっ…と えーその…

どっどうすればいいの⁉

ひーっ

受け取っちゃだめ！

受け取ってください！

ダメ！

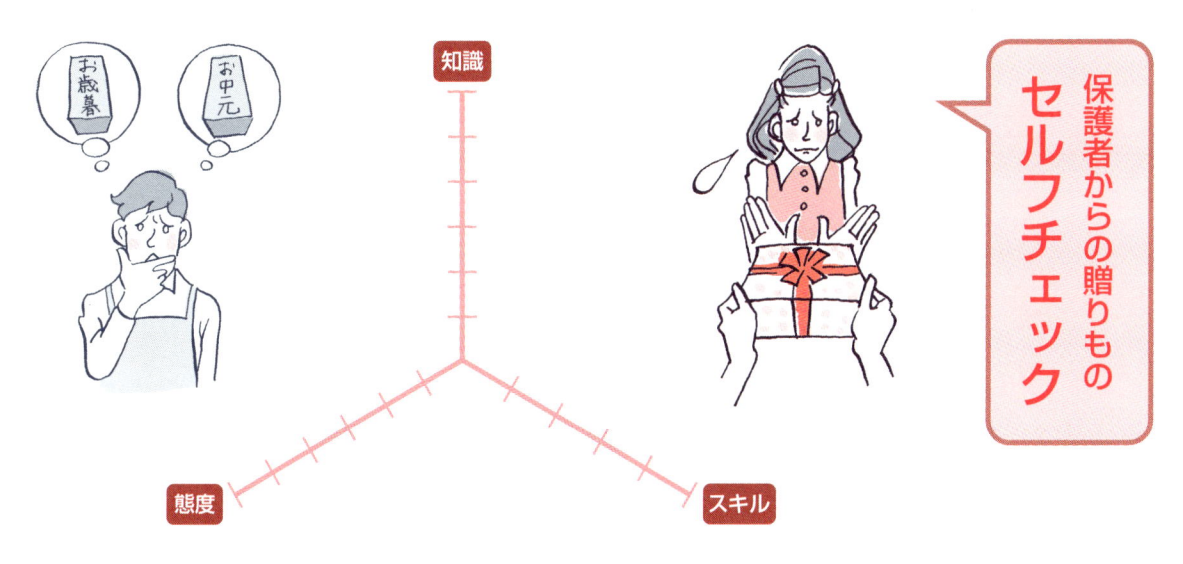

保護者からの贈りもの セルフチェック

●下記のチェックシートのカテゴリー別合計を上記のダイヤグラムに記入してください（詳しい使いかたは5ページ）。

		よい　　普通　　努力が必要	合計
知識	公立園の保育者をはじめ、公務員が保護者や業者から贈りものを受け取るのは法律で禁止されていることを知っている	2　1　0　-1　-2	
	私立園も、保護者からの贈りものは原則として受け取らないことを認識している	2　1　0　-1　-2	
	お中元の意味を理解している	2　1　0　-1　-2	
	お歳暮の意味を理解している	2　1　0　-1　-2	
	園における贈りものに対するルールを把握している	2　1　0　-1　-2	
	文化によって贈りものの慣習が異なることを理解している	2　1　0　-1　-2	

		よい　　普通　　努力が必要	合計
スキル	贈りものを受け取れないことを伝える話しかたを身につけている	2　1　0　-1　-2	
	贈る側の言い分の聞きかたを身につけている	2　1　0　-1　-2	
	贈りものを断る手紙の書きかたを心得ている	2　1　0　-1　-2	
	贈りものを断るときの状況や伝える時間を留意している	2　1　0　-1　-2	
	贈る側についての守秘義務を果たしている	2　1　0　-1　-2	

		よい　　普通　　努力が必要	合計
態度	保護者の立場を理解する心を持っている	2　1　0　-1　-2	
	贈りものを断っても揺るがない保護者との信頼関係がある	2　1　0　-1　-2	
	贈りものをもらうのは、当たり前ではないという謙虚な気持ちを持っている	2　1　0　-1　-2	
	プロとして毅然とした態度がとれる	2　1　0　-1　-2	
	困ったときに、園内で相談する人がいる	2　1　0　-1　-2	
	子どもとの保育する生活が、保育者として、いちばんの贈りものを受け取っているという気持ちを持っている	2　1　0　-1　-2	

12 冠婚葬祭のマナー

社会人になると、結婚式やお葬式など冠婚葬祭に出席するケースも増えます。その際のマナーは数限りなくありますが、相手の立場や気持ちを尊重し、不快感を与えないことが基本です。

- 2は割り切れる数だからご祝儀は3万円？ → 77ページへ
- 葬儀のときは黒のスーツでないと失礼かしら？ → 79ページへ
- スピーチは、笑いをとって盛り上げたほうがいいよね？ → 78ページへ

冠婚葬祭とは？

プロの保育者としての生活を始めると、学生時代には考えもしなかったことに直面することが多々あります。その一つが冠婚葬祭。人生において何度も経験することであり、社会人として身につけておかなくてはならないマナーの基本なのに、暗黙の了解になっていて、なかなか他人には聞きにくいものです。冠婚葬祭とは、日本古来の4つの礼式の総称です。

冠 出産、入学、快気祝い、七五三、誕生会、展覧会発表会など「もっとも優れていること」という冠の意にふさわしい行いごとの総称。「おめでとう」のお祝いと「ありがとう」のお礼の意を表す機会です。

婚 婚礼、すなわち結婚式です。心から祝福すること、相手の気持ちになってお祝いすることが基本です。

葬 死者を葬ること、葬式です。何よりも故人を悼みお送りし、ご家族の心に寄り添う姿勢を表すことが大切。

祭 お正月、節句、お中元・お歳暮、敬老の日、年末といった四季折々の伝統行事です。時代が変わっても継承していきたい大切なこと。

ここでは、「婚」と「葬」についての基本的なマナーを身につけましょう。

76

> 婚礼のマナー

●招待状の返事は1週間以内に

くれぐれも"うっかり"の出し忘れがないように。受け取って1週間以内に返答するのが礼儀です。出欠がはっきりしない場合は、速やかにその旨を伝え、先方の意向を聞き、期限日を決めましょう。失礼のない招待状への返事の書きかたも身につけておきましょう。

婚礼の招待状への返事の書きかた

表
名前の下の「行」を2本線で消し、下側に「様」を入れます。

裏
出席か欠席を丸で囲み、もう一方を2本線で消します。「御芳名」となっている場合は、「御芳」を2本線で消します。余白にはお祝いの言葉を。

●ご祝儀は年齢・相手との関係で

頭を悩ませるのが金額。あくまでも目安です。左表に金額を記しましたが、縁起が悪いといわれますが、「2」は一対の意味があるので失礼に当たりません。連名で贈る場合は、①園名を入れるときは、氏名の右側に小さく入れる、②右に目上の人の氏名を書き、以下左に並べて書く、③人数が多いときは、中央に代表者の氏名を、その左に「他（外）一同」と記し、それぞれの氏名を記した紙を中に入れておきます。

	20歳代	30歳代	40歳代	50歳代
先輩	2～3万円	2～3万円	3万円	3～5万円
同期	2～3万円	2～3万円	3～5万円	3～5万円
後輩	2～3万円	2～3万円	3～5万円	3～5万円

●お祝いの品は本人に希望を聞いてもOK

割れるものや切れるものはタブーとされてきましたが、最近は、本人がほしい品を贈るのはマナー違反ではなくなってきています。贈る時期も、以前は式の一週間前と言われていましたが、本人の意向に合わせてということもあります。本人との間柄を考えて行うことが、適切さを見極めるコツです。

● 披露宴での服装はフォーマルかつ華やかに！

T（時間）、P（場所）O（形式や規模）への考慮が基本です。通常、男性は、礼服（ダークスーツ）、白か淡い色のワイシャツ、祝事用のネクタイ、黒の靴下と靴。女性は、和装なら未婚者は振袖、既婚者は、黒か色留袖の五つ紋付き。洋装の場合は、ワンピースとされていますが、「これ！」という正解はありませんし、近年は多様です。要は、主催者側に不快感を抱かせない心がけをすることです。

● 会場では、かたまらずキョロキョロしない

よく見かけるのが、会場でひとりずつエスコートされているのに、同じ園の保育者でかたまって拒んだり、席取りをしたり、大きな声で名前を呼び合ったりする姿。いっしょでないと行動できない未熟さが目立つことになります。また、キリスト教会の式ではお祈りがあります。信者ではなくても目を閉じて頭を下げて礼を尽くすことがマナー。くれぐれもキョロキョロしないで。

● スピーチは、3分が目安内輪話や失敗談はNG

まず避けたいのは、特定の人だけにわかる内輪話になることです。特に保育者同士だと、園のことに終始してほかの招待客に通じないケースがあります。話す内容は、起承転結を考えて、エピソードは具体的なものにして、てきぱきと話すことを心がけましょう。笑いを誘おうと失敗談を持ち出す人がいますが、本人の批判や評価を下げる結果になることも。十分に配慮しましょう。

弔事のマナー

●お悔やみの言葉

電話で訃報を受けた際、沈黙したり口ごもったりするのは失礼ですが、スラスラ言葉が出るのもかえって不自然な印象を与えかねません。

◎「お知らせいただきありがとうございました」
◎「(突然なことで)ご愁傷さまです。お悔やみ申し上げます」
◎「安らかなお眠りお祈り申し上げます」(キリスト教)

といった言葉をかけましょう。故人の氏名、子どもとの間柄、葬儀の場所・時間・地図・住所・電話番号などの情報を確認します。
ただし、とっさに応対できないと判断した際は「少々お待ちください」と言い、主任や事務長に取り次ぎましょう。

●通夜

本来、身内でとり行う儀式ですが、知らせを受けたらできる限り参列します。葬儀の際も同様ですが、保育者同士でかたまって、話し声が大きくなったりしないよう、くれぐれも気をつけましょう。

●葬儀における服装や化粧

服装は黒が原則です。女性の場合、パンツスーツでもマナー違反にはなりません。ノースリーブ、ミニスカート、シースルーは禁物です。また、化粧が派手になってはいけないと省き過ぎるのは、かえってだらしない印象を与えます。全体的に色を抑え、淡い色を選びましょう。靴は、エナメルやつま先の開いているもの、ミュールは厳禁。バッグもブランドのロゴが並んでいるものやこれ見よがしにデザイナー名が見えるものはふさわしくありません。また、お寺での葬儀の際の数珠は、宗派によっても異なりますので、必ずしも持っていく必要はありません。知ったかぶりは禁物です。

●香典

勤務先の関係者の場合は、5千円～1万円が相場です。若いかたは3千円という場合も。わからないときは、先輩の先生がたに相談を。香典袋も宗教により異なります。

◎御霊前：仏式・神式・キリスト教式(ただし、仏式の浄土真宗とキリスト教プロテスタントでは使えない)
◎御仏前：仏式(四十九日の法要以降)
◎玉串料：神式(「御神饌料」「御玉串料」を使うこともあります)
◎お花料：キリスト教式(カソリック、プロテスタント両方に使用できます)

●仏式焼香

座礼・立礼共に、3回が正式とされています。しかし1回でも2回でも失礼ということにはなりません。その場の雰囲気を察知して、礼儀を守ったふるまいを心がけましょう。

●キリスト教教会

信者でない人は、献花し黙礼(黙祷)します。自分は仏教徒だからと、数珠を下げたり、手を合わせる人がいますが、故人や家族に対して失礼です。「御仏前」の香典袋も失礼にあたりますので、後日「お花料」の袋で届けるようにします。

79　冠婚葬祭のマナー

ニコさん＆コマッタさん

Nico
ニコさんの場合
プロの保育者として、立派な社会人として
フム
フム
冠婚葬祭についても知っておかなきゃ
マナーBOOK
婚礼
返信は一週間以内に
招待状の返事
おめでとうございます
スピーチ
みんなにわかる話で
てきぱきと
忌事
言葉をゆっくりと故人を尊重して
突然のことで…ご愁傷さまです
訃報を受けた際のお悔やみの言葉
お香典
勤務先の関係者なら5千円〜1万円が相場
ニコ先生若いのに立派でしたね
これからもご助言よろしくお願いします
いえいえ
「相手の視点に立つ」という保育の心は、冠婚葬祭にも応用できる!
Komatta
コマッタさんの場合
婚礼
えーと…
1万円でいっか…
ご祝儀って、2万円じゃあまずいんだよね?
割れるし〜
ひとりじゃさびしいよ〜
こっちーこっちー
席順決まってるのに…
忌事
NG連発
この度は…
ノースリーブ
ロゴの大きなブランドバッグ
ミニスカート
ミュール
数珠も持ってます
じゃら
はあ…
宗派が違うぞい
フー
お金は減ってくし何かと決まりごとがめんどくさいし…
今週は冠婚葬祭続きで疲れた〜
かんこんそうさいってなーに?
え!?
結婚式と…葬式と…あと、冠って何?
それくらいはすぐ答えられるようにね
Fu

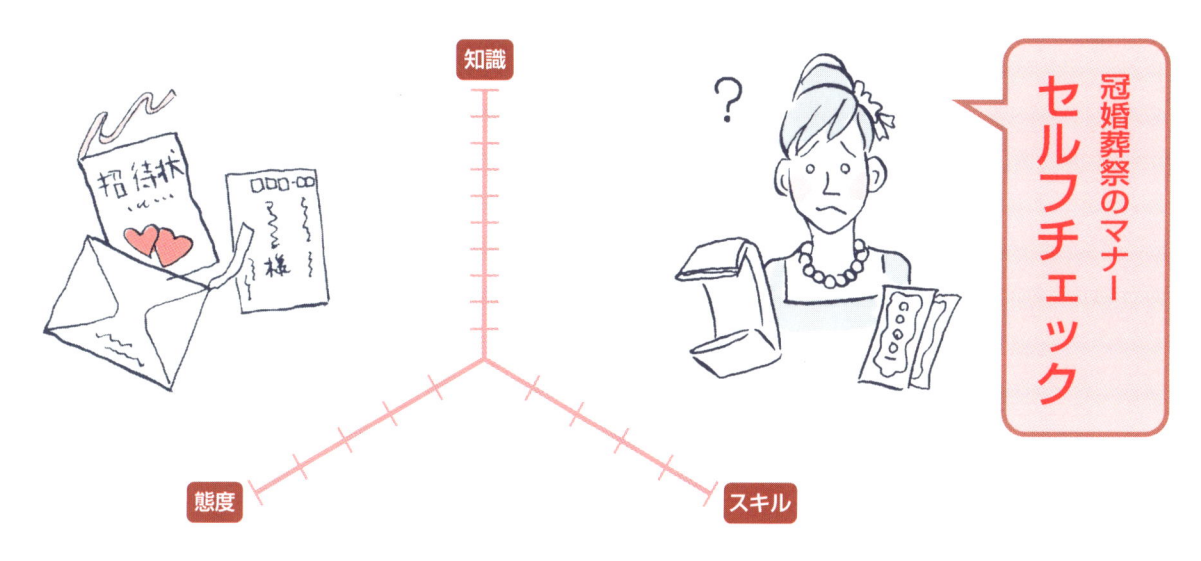

冠婚葬祭のマナー セルフチェック

知識

態度　　　スキル

●下記のチェックシートのカテゴリー別合計を上記のダイヤグラムに記入してください（詳しい使いかたは5ページ）。

知識

項目	よい　　普通　　努力が必要	合計
冠婚葬祭についてそれぞれ説明できる	2　1　0　-1　-2	
祝電の文例を用意できる	2　1　0　-1　-2	
自分に適切なお祝いの額を心得ている	2　1　0　-1　-2	
当事者にふさわしい祝儀袋を選べる	2　1　0　-1　-2	
タブーとなる服装や持ちものを把握している	2　1　0　-1　-2	
葬儀出席の概要を把握している	2　1　0　-1　-2	
弔電の文例を用意できる	2　1　0　-1　-2	
自分に適切なお祝いや香典の額を心得ている	2　1　0　-1　-2	
当事者にふさわしい香典袋を選べる	2　1　0　-1　-2	
タブーとなる服装や持ちものを把握している	2　1　0　-1　-2	

スキル

項目	よい　　普通　　努力が必要	合計
冠婚葬祭に関する身だしなみチェックを行っている（化粧・髪型・つめ・持ちもの）	2　1　0　-1　-2	
婚礼の招待状の返事を何も見ないで書ける	2　1　0　-1　-2	
式における保育者としての言葉づかいを身につけている	2　1　0　-1　-2	
お悔やみの言葉や電話応対を心得ている	2　1　0　-1　-2	
葬儀での保育者としてのふるまいかたを心得ている	2　1　0　-1　-2	

態度

項目	よい　　普通　　努力が必要	合計
婚礼を心からお祝いすることとして受けとめられる	2　1　0　-1　-2	
自分に関係することとして葬儀を受けとめられる	2　1　0　-1　-2	
冠婚葬祭のTPOに応じた服装ができる	2　1　0　-1　-2	
冠婚葬祭のTPOに応じた持ちものを用意している	2　1　0　-1　-2	
わからないことは、謙虚に先輩や同僚に聞くことができる	2　1　0　-1　-2	

13 教育・保育実習

子どもと共に遊び、生活し、保育者の仕事を体験できるとワクワクして行ったのに、「常識がない」と指摘されておろおろ。現実の厳しさにこんなはずではなかったと自信喪失してシヨンボリする学生。その一方で、厳しすぎたかしら、なぜ伝わらないのだろう、と戸惑う保育者。双方がわかり合える実習にするためには、何を身につけておけばよいでしょうか。

実習生としてのマナー

●子どもの未来に関わる自覚を

「子ども好き」が保育者をめざす動機となったことは、納得ができますし、喜ばしいことです。しかし、「公園やショップのお姉さんやお兄さん」や「子どもと遊びたい、子どもから好かれたい」感覚で実習にのぞむ学生が多いとよく聞きます。

保育者は、子どもがこの世に生を受け、入園するまでの育ちがあることを受けとめつつ、子どもの将来へとつながる"今"を任せられています。社会と家庭から期待される喜びと、責任がある仕事を、体験的に学ぶ自覚を忘れずに。子どもと共に育ちゆく者であることを心得ておくと、自然に「どこかのお姉さんやお兄さん」としてのかかわりかたとは異なってくることでしょう。

●プロとなる者としての自覚を持って実習にのぞむ

限られた期間ですが、実習生でありつつ出勤簿にハンコを押すのですから、立派な専門家（プロ）としての自覚が求められます。言われたことだけを行うだけのアルバイト感覚では困ります。より優れた保育を実践するためにはどうしたらよいのか、と一歩先を考えて行動する自律性と創造性、ならびに職場の一員である協調性が求められます。実習生のマナーはあげたらきりがないかもしれません。大切なのは、子ども・保育者・保護者と、気持ちよい毎日をおくるための基本を身につけようと心がけることです。

- 自分から笑顔であいさつする
- 保育室の空気を入れ替え清掃する
- 規則正しい生活リズムを身につけ、健康管理に配慮する
- 保育室や園庭の安全性を確認する
- 清掃、食事、身だしなみなど、生活の基礎を身につけている
- ひとりで判断せず、自分の考えを持ちつつ質問ができる
- 美しい言葉づかいへの興味を持ち、自分の言葉づかいに耳をすませる。（「うん」「〜じゃないですかぁ」「なので」は美しい？）
- 「ありがとうございます」「ごめんなさい」が言える
- ふくれたり、むっつりしたりせずに感情をコントロールできる
- 時間や提出物の期限を守る

●価値基準が一つではない保育の世界を自覚する

実習で直面するのが、「こんなときどうしよう」という戸惑いです。言葉がけや責任実習、子どものけんかの仲介、着替えや排泄の手伝いなど、よかれと思ってしたことに、「手を出さないで」と言われたり、逆に「もっと動いて」と注意を受けたりと、一喜一憂することばかり。実際の保育では、ときと場合によって、よしとされることが異なる場合があります。一つの行動にも相反する評価が共存しうることを自覚して、場面に応じた臨機応変な対応力を身につけたいですね。

これをふまえ、下記のケースについて、自分が実際にその立場になったときを想定し、対応を考えてみましょう。

（イラスト内）
子どもに対して消極的過ぎます
子どものあそびの邪魔をしないようにと思っていたのに…

ケース1　「積極的」と思われるか、「ずうずうしい」と思われるか？

自発活動におけるあそびの時間。子どもの「先生、セロハンテープがなくなったよ」との声に、子どものニーズに応えようと、教材室に行ってセロハンテープの補充をしたところ、指導教諭から「なぜ勝手に補充したの？　ずうずうしいですよ」と言われてしまった。積極的に行動したつもりが、なぜずうずうしいと思われてしまったの？

ケース2　「消極的」と思われるか、「控えめ」と思われるか？

「子どものあそびを邪魔してはいけないから」と思い、子どものようすを一生懸命に見守り、一日の実習が終わった。「気持ちはわかりますが、あまりにも消極的過ぎます。なんのために実習に来ているのですか？　まず、子どもとかかわることが実習で学ぶことなのでは？」と言われてしまった。子どもの自主性を大切にしようと思ったのに、どうしてこうなったの？

ケース3　「おおらか」だと思われるか、「おおざっぱ」と思われるか？

「先生、この空き箱はどうしますか？」と、空き箱の山をさして言ったところ、「明日使いますから、そのままにしておいてください」と指導教諭。その言葉どおりに、保育室の隅に片づけることもなく退勤。翌日、指導教諭から「あまりにもおおざっぱです」と注意。"どうして？"と思いつつも、"まあ、いいか"とにこにこしていたら、また指導教諭に「どういう人なの？」と言われてしまった。どうして？

ケース4　「きめ細やか」と思われるか、「神経質」と思われるか？

ふきんを洗うのを頼まれ、洗ってたたんだ後、一度退勤したものの、きれいに重ねておいてきたか心配になり園に逆戻りしてしまった。また、「先生、なおみちゃん転んでしまったのですが、だいじょうぶですか？」と保育中も保育後も、何度も確かめたことも。すると、指導教諭から「そんなにいちいち心配していては、保育者としてやっていけませんよ」と言われてしまった。どうして？

実習生を受け入れるときは

●実習生は、加点法で評価を自分を省みる機会にもなります

「掃除ができない、子どもの言いなり、気がつかない」など、実習生を見ているとはがゆくなることがあるかもしれません。しかし、このように「ナイナイづくし」と減点法で実習生を見ていると、その思いが顔や態度に表れて、よけいに実習生の緊張と不安を高めてしまうのでは？　現場経験が長くなればそれだけ、自分もかつては実習生であったことを忘れがちです。実習生も人間。しかられるより褒められるほうが学ぶ意欲は高まります。まず、「花瓶の水を取り替えてくださったの。ありがとう」といったほんのひと言からはじめてみましょう。実習生のやる気がアップします。ほめじょうずな保育者の注意は、実習生もスンナリ受け入れられます。

ありがとう！

●公私の生活を充実させて実習生のよきモデルに

子どもが保育者の姿をとおして、理想のおとな像を描くのと同じように、実習生は保育者の姿を通して、近い将来の自分をイメージするのです。歩きかた、身のこなし、身だしなみ、言葉づかい、実習日誌の誤字脱字、趣味などに厳しいチェックが入っていることを自覚しましょう。「これでいいや」と投げやりではなく、公私ともに充実している保育者は、実習生のよきモデルとなります。特に、保育者というと保育のことばかりで「世界が狭い！」と見られがち。自分の趣味をいかした保育室づくりや趣味についても語れる余裕を持ちましょう。一日を振り返る際に、ほんのひと言、自分の実習時代のことを物語ってあげたら、実習生にとって大きな励みになります。

危ないからろう下は走らないでね

安全配慮私も見習わなきゃ

ニコさん & コマッタさん

コマッタさんの場合

1コマ目
- 実習生ってなんでこんなに気がつかないのかな〜
- イライラ
- あっ危ない！
- ドタ
- 感じ悪いなぁ〜

2コマ目
- 悪いことしたんだからしからないと!!
- べー
- だって〜子どもたちに嫌われちゃうじゃないですかぁ〜
- 大きなピアスは禁止、規則読んでないの!?

3コマ目
- きのう飲み過ぎて頭いた〜い
- コマッタ先生も遅刻してるし私もいいよねえ
- ぐ〜
- どーせ実習中だし

4コマ目
- 終了
- うるさいしめんどくさいしやってらんないわ
- ほんと、最近の若い子ってなんなの？
- 人のこと言える？
- 忙しいのに実習生の面倒なんて見られないわよ

ニコさんの場合

1コマ目
- 実習生の手本となれるように頑張ろう！
- 園の規則は読んできましたか？
- はい！
- よろしくおねがいします
- あっすてきな先生

2コマ目
- わぁかわいい！
- お花の水替えてくれてありがとう！
- あ、はい！

3コマ目
- かわいいだけじゃだめ。子どもを育てる責任を持って！
- 危ないでしょう!!
- ビシッ
- はーい
- はい！
- 自覚を持ってがんばろう！
- この絵本おすすめよ

4コマ目
- 私も勉強になりました
- お互いに充実した一週間が終了
- 私、先生みたいなすてきな保育者になれるよう頑張ります！

85　教育・保育実習

●下記のチェックシートのカテゴリー別合計を右記のダイヤグラムに記入してください（詳しい使いかたは5ページ）。

実習生のためのセルフチェック

カテゴリー	項目	よい 2	1	普通 0	-1	努力が必要 -2	合計
知識	実習園の概要を言葉で説明できる	2	1	0	-1	-2	
	実習園の規則を理解している	2	1	0	-1	-2	
	実習の意義と目的を言葉で説明できる	2	1	0	-1	-2	
	プロの保育者の職務を言葉で説明できる	2	1	0	-1	-2	
スキル	生活者として掃除の技術を身につけている	2	1	0	-1	-2	
	生活者として食事のしかたを身につけている	2	1	0	-1	-2	
	生活者として時間や規則を守れる	2	1	0	-1	-2	
	学び手として準備や整理をしている	2	1	0	-1	-2	
態度	プロの保育者になる自覚がある	2	1	0	-1	-2	
	学びに対して意欲と向上心がある	2	1	0	-1	-2	
	子どもの人権を尊重している	2	1	0	-1	-2	
	感謝の気持ちを持って実習に携わっている	2	1	0	-1	-2	
	感情をコントロールできる	2	1	0	-1	-2	

●下記のチェックシートのカテゴリー別合計を右記のダイヤグラムに記入してください（詳しい使いかたは5ページ）。

実習生を受け入れる保育者のためのセルフチェック

カテゴリー	項目	よい 2	1	普通 0	-1	努力が必要 -2	合計
知識	実習生の実習の目的と内容を理解している	2	1	0	-1	-2	
	プロの保育者の職務を言葉で説明できる	2	1	0	-1	-2	
	指導する立場として文章の書きかたを身につけている	2	1	0	-1	-2	
	実習生にすすめられる絵本や歌、専門書を知っている	2	1	0	-1	-2	
スキル	実習生のモデルとしての生活技術を身につけている	2	1	0	-1	-2	
	実習生のモデルとしての保育技術を身につけている	2	1	0	-1	-2	
	ほめるところ、注意するところの観点を身につけている	2	1	0	-1	-2	
	子どもとのかかわりを具体的に指導できる	2	1	0	-1	-2	
態度	実習生を育てるプロであると自覚している	2	1	0	-1	-2	
	実習生の長所を見つけることができる	2	1	0	-1	-2	
	実習生の短所を実習生が自分で改善したいと思えるような助け手になれる	2	1	0	-1	-2	
	モデルとしての保育者であると自覚している	2	1	0	-1	-2	
	自分も学び手であるとの意識を持っている	2	1	0	-1	-2	

実習直前チェックリスト　～持ちもの＆心構え～

ここであげた項目は、あくまでも基本です。〈マイ・チェックリスト〉を作りましょう！

〈実習生のためのチェックリスト〉

【出勤の携行品】
- 定期
- 財布（多額にならないように）
- 折りたたみがさ
- 携帯電話（最寄り駅に着いたら電源はOFF）
- 手帳
- ソーイングセット
- ハンカチ・ティッシュペーパー
- 健康保険証のコピー
- 腕時計
- 印鑑
- 弁当・はし
- 湯呑み茶碗（コップ）
- 歯ブラシ
- タオル
- 外履き・上履き

【実習の身だしなみ】
- ブラシ・ヘアピン・ヘアゴム
- くつ下・ストッキング（穴や伝線を確認）
- つめの手入れ
- 着替え（ジャージ・スウェット）
- 帽子
- エプロン
- 着替え・替えの下着

【実習教材関係】
- 実習日誌（実習録）
- 筆記用具一式
- 付せん・修正テープ
- メモ帳（記録用）
- 手帳
- 参考書
- 実習園から指定されたもの

- 個人ファイル（楽譜や手遊び）
- 自分の名札

【そのほか】
- 生理用品
- ハンドタオル
- エプロン
- 常備薬
- メガネ（コンタクトレンズ）
- ビニール（ポリ）袋
- 言葉づかいのチェック
- 園の概要の把握
- 子どもの名前チェック
- 早寝早起きの習慣
- 心からの笑顔
- 積極的にのぞむ心がまえ（姿勢）
- 子どもと過ごす喜び（心情）

【宿泊施設実習の際の携行品】
ブランド品やキャラクターグッズなどをさけて、質素をモットーに！

- 健康保険証のコピー
- シーツ（氏名明記）
- 枕カバー
- 羽織るもの（トレーナーなど）
- パジャマ（スウェット生地を）
- バスタオル・ハンドタオル
- スリッパなど室内履き
- 洗面用具一式（コップ・歯ブラシなど）
- 洗たく用具一式（ハンガーなどなるべくコンパクトに）
- ビニール（ポリ）袋
- 湯呑み茶碗（コップ）
- はし

- つめ切り
- 腕時計
- アラームクロック（許可を得てから）
- お金（多額にならないように）
- キーホルダー
- 切手・はがき・便せん一式
- 参考書（国語辞典・保育所保育指針）
- ぞうきん（片づけ用）
- 文庫本（おそらく時間はないが気分転換に）

【実習中チェック】
その日の実習をふり返り、翌日にいかすため

- あいさつ（ハキハキ・美しく）
- 笑顔（心からにっこり）
- 子どもの名前の確認
- かかわった子どもの名前
- その日のよかったこと
- その日の反省点
- 明日の準備
- 手洗い・うがい
- 入浴
- 健康・生活リズムチェック

【実習後のチェック】
- お礼の手紙
- 実習巡回指導の教員へのあいさつ（お礼）
- 実習日誌の提出
- 実習日誌の受け取り

〈実習生を受け入れる保育者のためのチェックリスト〉

- 園の概要の配布
- クラスだより
- 園児（クラスの子ども）の名簿
- 注意事項の伝達（子どものこと、保護者のこと、園の決まり、一日の流れ）
- 一日の時間調整（反省会や実習相談の実施）
- 部分実習や責任実習の指導・助言
- 降園後の仕事の伝達
- 実習日誌への指導・助言

- 実習評価
- 笑顔
- 言葉づかい
- 身のふるまい
- 身だしなみ（髪形・アクセサリー・衣類・つめ・くつ下・くつ）
- 携帯電話の電源はOFFにすること
- 初心を忘れないこと

森　眞理（もり まり）
立教女学院短期大学・准教授

米国コロンビア大学教育大学院カリキュラム＆ティーチング科博士課程修了。教育学博士。日本と米国での幼稚園教諭経験、日系銀行ニューヨーク支店店長席秘書を経て現職。保育者養成と現職者研修に従事している。多文化教育、乳幼児教育比較論、保育者論を中心に研究を行っている。主な著書に『レッジョ・エミリアからのおくりもの』（単著／フレーベル館）、『幼稚園・保育所実習』（共編著／光生館）、『保育者論』（共編著／光生館）、『教育原理』（共編著／北大路書房）などがある。

日浦 直美（ひうら なおみ）
関西学院大学・大学院教授、博士（人間科学）

関西学院大学文学部を卒業後、企業・国立大学附属病院などで秘書として勤務。その後、聖和大学大学院修士課程教育学研究科（幼児教育学専攻）修了。幼稚園教諭を経て大学教員に。大阪大学大学院　人間科学研究科博士後期課程修了。専門は幼児教育・保育学。特に乳幼児をめぐる人間関係を中心に研究を行っている。主な著書に『家庭支援論』（共編著／北大路書房）、『保育の基礎を培う保育原理』（共著／萌文書林）、『保育内容総論』（共著／同文書院）ほか多数。

カバーデザイン：都甲玲子
カバーイラスト：いなばゆみ
本文デザイン：（有）オフィス・フロッグス
本文イラスト：後藤知江
本文コミック：高橋ユウ
編集協力：（株）スリーシーズン

● これだけは知っておきたい ●

保育者のマナー

2006年3月　　初版第1刷発行
2014年3月　　　　第5刷発行

著　者　森　眞理　　©MARI MORI 2006
　　　　日浦直美　　©NAOMI HIURA 2006
発行人　浅香俊二
発行所　株式会社 チャイルド本社
　　　　〒112-8512　東京都文京区小石川5-24-21
　　　　電話 03-3813-3781　振替 00100-4-38410
印　刷　共同印刷株式会社
製　本　一色製本株式会社

乱丁・落丁本はお取り替えいたします。
本書の内容の一部あるいは全部を無断で複写複製することは、法律で認められた場合を除き、著作権者及び出版社の権利の侵害となりますので、その場合は予め小社あて許諾を求めてください。

チャイルド本社ホームページアドレス　http://www.childbook.co.jp/
チャイルドブックや保育図書の情報が盛りだくさん。どうぞご利用ください。